復刻版

協同組合の理論と実際

KAGAWA Toyohiko
賀川 豊彦

日本生活協同組合連合会

『復刻版　協同組合の理論と実際』発刊に寄せて

日本生活協同組合連合会会長　浅田克己

本書が底本とした、賀川豊彦『協同組合の理論と実際』（コバルト社刊）は、一九四六（昭和二十一）年六月に発行されました。簡素な造本の小さな文庫判で出されたこの著作は、実は、「賀川豊彦全集」にも収められておらず、今では簡単に読めなくなっていました。

それでも、終戦後間もないときに出されたこの本から、現代に生きる私たちが教えられることは、決して少なくありません。

例えば、「協同組合の本質」という章で、「協同組合の精神を一口にいえば助け合いの組織である」と、賀川がずばりと言い切っているのは印象的です。また、その後の章で、賀川はキリスト教の歴史における兄弟愛の発展について詳しく述べ、協同組合運動の誕生へと書き進めていますが、それは、二〇一一年の東日本大震災以後、協同組合がまさに果たしつつある役割ともつながる内容です。すなわち、「助け合いの組織」としての協同組合の本質は、今もまったく古びることなく、脈々と受け継がれていることが分かります。

賀川は「消費組合」の章で、「協同組合運動は、営利を離れた組織組合だけに、永遠性がある」「協同組合というこの永遠への組織運動は、意識運動の基礎の上にのみ載せることが出来る」とも言っています。六十年以上も前のこの主張は、今の時代にも色あせることなく、そのまま当てはまるものです。「消費組合の場合は、最も根本的で、しかも組織するのに最も困難なものである」と、賀川が鋭く見抜いていたことにも、多くの人たちは共感を覚えるのではないでしょうか。

理念の永遠性を持ち続けながら、持続可能な組織を目指していくという賀川豊彦が指し示す協同組合理論を、どのように〝現代化〟し、実践していくかが、私たちに課せられた課題です。それは、時代の要請によって変わる事業・経営を目指すと共に、変らない理念を持ち続けるということでもあります。

そのような意味で、賀川豊彦が、自己の経験の中から示してくれた『協同組合の理論と実際』は、むしろ、現代の協同組合に関わる全ての人たち、特に、新たに協同組合の仲間に加わった人たちにこそ、ぜひとも手にしていただきたい本です。従って本書は、歴史的復刻という意義を超えて、「協同組合の本質」を〝現代化〟していくための手引きとして、発行するものです。原本は漢字も言葉も難解ですが、復刻版は「新字新かな」に改められて、読みやすくなっています。

折しも今年、二〇一二年は、国際連合が宣言した国際協同組合年です。協同組合が果たしてきた歴史的な意義について問い返し、その未来に向けて行動を起こそうとするこの年に、日本の〝協同組合の父〟とも称される賀川豊彦の尊い著作が復刻されたことは、何よりの喜びです。ぜひ、多くの人々に読んでいただきたいと願っています。

■復刻版■

協同組合の理論と実際

目次

■復刻版■

協同組合の理論と実際

目次

賀川豊彦・人と働き

賀川豊彦

1. 社会事業における開拓的役割

一九〇九年

賀川が神戸のスラムに貧しい人々と一緒に住んだ頃は、まだ神戸神学校に籍をおく学生であった。彼はロンドンにおけるトインビーホールの事業を想起しながら、彼自身をその試練の場においたのであった。彼のしごとはキリスト教の伝道が主な目的であったが、それはまた小さなセツルメント・ワークでもあった。

年とともにその事業は拡大して医療救済、授産事業、養老事業、簡易宿泊、簡易食堂などを加えた。その上これに奉仕する学生たちにとっては、またとない人間形成の場所であった。賀川は、日本の社会事業がまだ慈善事業と見られていた時代に、防貧的な政策をもとめて、そこに一つの活路を見出《みいだ》そうと努力した。その当時の万難にみちた生活ぶりは、賀川の自伝小説『死線を越えて』（一九二〇年）にくわしい。

スラム地区の住宅改良、移住疎開または一般の職業紹介などに関する賀川の同書の印税を社会運動に惜しげもなく投資した発言は、内務省のとりあげるところとなった。そこにおける事業は「イエス団」として、キリスト教会、保育事業、人事相談、宿泊事業などが継続され、貧しい人々の生活の灯となった。

本所松倉町《ほんじょまつくらちょう》で関東大震災の救援運動に集まった人々（1923年）

一九二三年

突如として東京、横浜地方を襲った大地震は、未曾有の災害を記録した。賀川はその報を耳にすると直ちに神戸から馳《は》せのぼり、最も被害の大きかった隅田川《すみだがわ》の東にテントをはり、東京市役所、日本赤十字社、ＹＭＣＡ、日本基督《キリスト》教連盟などと連絡をとり、衣服、寝具、食糧の配給や、行方不明者の調査、法律相談、建築相談等にあたるセツルメント本所基督教産業青年会を設立した。他方、キリスト教による精神復興を説いた。

文豪徳冨蘆花《とくとみろか》は兄猪一郎《いいちろう》から賀川の活躍ぶりをきいて、「この一年間のあなたの仕事は、人間業《にんげんわざ》ではなかった。それは現代の奇蹟《きせき》であらねばならぬ。私は一度もあなたの働きを目撃しなかった。しかし八種の東京の新聞に日々眼を通す私は、あなたの消息を決して見おとさなかった。あまり動きがはげしいので、無論心配もし、祈りもしていた」と高く評価している。

一九二五年

アメリカからヨーロッパ各国をまわり、キリスト教伝道、社会事業、労働運動、無産政党、などを研究して帰国した賀川は、大阪の労働者街に四貫島《しかんじま》セツルメントを創設した。救済よりも防貧のために一つの新しい実験をしたといえよう。

こうした賀川の活躍ぶりを見て、東京市長（堀切善次郎）は社会局長として東京の社会事業を再建してもらいたいと申しこんできた。しかし、賀川はそれを断って顧問として指導にあたることになった。東京市や大阪市が防貧的社会事業にふみきったことは、日本社会事業全体の大きな転進ともなった。

賀川は社会事業において、救済事業よりも防貧事業に重点をおいた。そればかりでなく、賀川の生涯は救済事業をやりながら、労働運動、農民運動、協同組合運動、無産政党の結成などを防貧事業と絡めて進めてゆこうとするようにも見えた。このため財団法人「雲柱社」(一九三八年四月)が設立された。それ以降から軍閥が次第に頭をもたげてきて、賀川の運動は日を追って困難になってきた。ことに第二次世界大戦前、戦時中はすべてのことが思うにまかせぬ状態におかれ、賀川の一挙手一投足は監視のもとにおかれた。

大戦がすむと、社会事業の方向は大転換した。私設社会事業から国家による社会事業へ動き出し、法律もそれぞれ新しく作られた。

日本の社会事業の中で特筆すべきことは、その功罪を一様には言えないにしても、結核やハンセン病救済事業への理解が次第に進められたことである。これは各階層の理解と協力を得るためにできた白十字会・日本救癩《らい》*協会の一員として、賀川が婦人雑誌にこの問題の啓発を扱った小説を連載して、広範囲にハンセン病に対する認識をもたらした功績もあった。

2．労働者・農民の自由と幸福のため

一九一八年

賀川が、二年八か月のアメリカにおけるプリンストンでの留学をおえて帰国したころは、イギリス流の労働運動が日本ではじまり、「友愛会」という名がようやく労働者の口にのぼるようになっていた。賀川はすすんで友愛会に加入し、指導者として迎えられた。

その頃は労働者の人格はみとめられず、八時間労働制も団体交渉権も問題にされない状態で、資本家に反省をうながすことも、労働者の権利獲得闘争を行うことも困難をきわめた。その中で賀川は暴力を否定し、人格を重んじ、普通選挙による議会政治の実現によって労働者の権利を獲得する、『労働者崇拝論』（一九一九年）を著し、いわば人格社会主義の立場をとった。だから、一部の急進的な労働運動者には攻撃されたが、賀川は穏健な運動方針を貫いて労働者たちを指導した。

一九二一年

神戸の川崎造船所、三菱造船所の争議は、参加人員三万、争議日数六〇日という日本はじまって以来の大争議であった。結果は労働者側の敗退に終わったが、賀川の指導による秩序を保った非暴力の争議ぶりは、日本労働運動史上に大書せらるべきものであった。

神戸の川崎・三菱両造船所の労働争議を指導する賀川（右端・1921年）

その秋、賀川は同志と語って日本農民組合の組織結成にとりかかった。農民も、労働者と同じように資本家である大地主には極めて弱い存在であった。その生活は苦難にみち、子弟の養育もできないほどきびしい小作契約によって束縛されていた。「土地と自由」を掲げた農民運動の目標は、小作料の適正化、小作契約の正常化をうたっていたが、「土地を働くものの手に」という究極の願望を秘めていた。小作契約は年とともに改正されていったが、土地問題の解決はその見通しもつかないようであった。しかし、第二次世界大戦後に農地解放が行われ、働く農民が自分の土地を持つことが出来る時代になった。

一九二三年

一般大衆が次第に目ざめてくると、選挙権をもって政治に参加できるようにとの願いから、普通選挙運動がさかんになってきた。賀川は労働・農民問題解決のため、その先頭に立って普選の実現による議会政治への参加と、無産政党や政治研究会の成立をねらった。アナルコサンジカリズムを奉ずる労働運動の一派は、過激な言動をもって大衆を扇動する方法にでていたが、それを封ずるかのごとく一九二五年普通選挙法が国会を通過した。

一九二四年

賀川は労働者・農民が真の自由と幸福を得るには、普通選挙からさらに一歩すすめた無産政党を作らなければならないと考えていた。だから一九二五年アメリカを一巡してヨーロッパに足をふみいれると、機会をつくって議会の発達しているイギリス社会主義を掲げる労働党と労働組合運動の研究に没頭した。イギリスではイースト・ロンドンのセツルメントを訪ねるとともに、ラスキン労働大学を見学し、マクドナルド首相、ボンドフィールド女史と労働党について語り合ったのもそのためであった。フランスでは労働総同盟を訪問したり、ジャン・ジョーレスについて調べることがあった。

ところが、日本の社会運動はだんだん左傾化していった。それと勢力を競うように右翼と結びついた軍閥の動きもはげしくなり、中国に兵をおくるようになった。賀川はさびしくそれを眺め、正しい日本の建設のためには、聖書に基礎をもつ社会事業、労働運動、経済運動がなければならぬと考え、宗教的精神運動として「神の国運動」を全国に展開していった。同時に、農村の二・三男問題、冷害・凶作の食糧問題解決のため、作物と家畜と樹木作物を組み合わせる立体農業を唱えて、農村の青年の教育を農民福音学校で行った。

兵庫県瓦木《かわらぎ》村の賀川宅における農民福音学校

一九四五年

はげしかった第二次大戦が終わると、賀川は同志とともに日本社会党を結成し、国会に多数の同志を送り出すことができた。

3. 兄弟愛による協同組合運動

相互扶助による兄弟愛の精神が、協同組合運動の根本理念である。貧しい者も、労働者も、農民も、学生も、一般大衆も、すべて独立の誇りをもたなければならない。そこに真の自由が存在する。賀川は兄弟愛による協同組合運動を説いた。

消費・信用組合　一九一九年

消費組合というものは、生産者と消費者が結びあって、社会的秩序と互助組織をつくるものであり、そうすることによって商業上の投機もなくなり、労働者階級が苦しむ搾取《さくしゅ》もなくなると、賀川は確信していた。そこでまず、大阪に購買組合共益社《きょうえきしゃ》を、一九二〇年には神戸購買組合、一九二六年

神戸消費組合（1932年）

に東京学生消費組合、一九二七年に江東《こうとう》消費組合、一九二八年に中ノ郷質庫信用組合《なかのごうしちこ》をそれぞれ組織した。中ノ郷質庫信用組合というのは、スラム地区の人々が気軽に、品物をあずけて安い利息で金を借り、約束の期日にたとえ支払いができなくても、品物に対する権利がなくならないようにと、自分たちの手で質屋を経営しようというのがその主旨であった。この企てはスラム地区の人々に福音となり、ながく利用されて今日に至っている。

医療利用組合　一九三一年

さらに賀川は、医療の大衆化をはかり、数々の困難を克服して、東京医療利用購買組合を組織し、組合による〝われらの病院〟を設立し、安い診療費で多くの病人を救った。

こうした賀川の兄弟愛精神による協同組合運動は、産業組合の枠を越えて、普及の先例を全国各地に展開し、多くの医療利用組合が設立された。賀川の協同組合普及はわかりやすい理論と実際にまとめられ、小説「乳と蜜の流るる郷」として家の光協会の機関誌『家の光』に連載されて一か月で、発行部数五万部ほどのものが、一三〇万部を突破するほど好評であった。

『ブラザーフッドエコノミックス（友愛の経済）』提唱　一九三六年

賀川は協同組合は階級間にのみ行われるべきでなく、国民のすべてが利用すべきであり、それはさらに国際関係にも用いられるべきであるとして、国際協同組合の設立を提唱した。賀川はキリスト教伝道を目的にした外遊のたびに協同組合の必要性を説いて、満州の合作社（協同組合）の運動、アメリカやイギリスの協同組合運動にも大きな影響をあたえていた。アメリカで出版された"Brotherhood Economics"は協同組合運動の書として広く愛読され、イギリスその他各国において出版されるほどであった。また、シンクレア・ルイスは小説「協同組合」のなかで賀川の名をあげ、アメリカでの協同組合普及の働きの影響を記している。

一九四五年

戦後は、日本協同組合同盟（のちの日本生活協同組合連合会）をつくって全国的な協同組合普及と指導にのり出し、一方で家の光協会の理事をつとめるなど、協同組合（生活協同組合・農協共済）運動の中心的な役割をはたした。

4. 世界国家と平和運動

一九〇二年

賀川豊彦が平和思想を意識するようになったのは、「聖書」をよみはじめてからであると考えられる。二〇世紀前半の、仏教と古い伝統に生きていた日本において、「聖書」をよむことは一部の人々にはまだ受け入れられなかった。早くに両親を失い、叔父の家に世話になっていた賀川が、「聖書」をよむことは叔父の反発を買った。しかし、少年賀川は、「聖書」を人間行動のよりどころとして生きてゆく堅い決意にみちていた。そればかりでなく、「聖書」に示されている神と神の愛を説くことを生涯の仕事にしようと、すでに伝道者としての決意をもっていた。

一九〇五年
日露戦争当時、トルストイの「我宗教」「我懺悔《ざんげ》」が翻訳され、たちまちベスト・セラーとなった。賀川もこれをよんで平和思想と無抵抗主義について強い影響をうけた。
中学校卒業を目前にして、軍事教練の時間、突然銃を地面になげ出して、「人殺しのまねはいやだ」と叫んだものがあった。怒り狂った教官はその顔をなぐりつけ、足蹴《あしげ》にした。校庭に倒れ、顔を血にそめてうめいていた少年は、誰であろう。平和主義者を任じていた賀川豊彦であった。

一九〇六年
徳島中学校を卒業した賀川は、明治学院高等部神学予科にすすんだ。一九〇六年の夏、賀川は「世界平和論」を執筆して、『徳島毎日新聞』に投稿し、七回にわけて掲載された。それはカントの永久平和論を引用し、マルクスの主張、カーライル、ラスキン、トルストイなどの言葉で人道主義を語り、無抵抗主義を説き、帝国主義からキリスト教社会主義への道を論じ、世界の平和にまで論及したものであった。

賀川の主張は、平和はキリスト教信仰と併存するものでなく、キリスト教信仰すなわち平和であった。無抵抗主義者として広く世間につたえられたのも、平和主義者の一面のあらわれである。

その当時、平和を論じた主なものに次のようなものがある。

軍国主義に就《つい》て	『人間苦と人間建築』所収	一九二〇年
戦争の哲学	『生存競争の哲学』所収	一九二二年
平和の愛好者日本	『賀川豊彦氏大講演集』所収	一九二六年
『戦争は防止し得るか』		一九三五年
世界平和と神的意識	『処世読本』所収	一九三七年
世界平和と国際協同組合運動	『産業組合の本質と其《その》進路』所収	一九三〇年

一九二一年

イエスの友会を創立すると、五綱領をさだめその中に「世界平和のため努力すること」の一項目を加えた。イエスの友会ではかたくこれをまもることを誓って今日に及んでいる。

一九三八年

第二次世界大戦がはじまる前は、賀川の行動に監視がつき、言論の自由が甚だしく束縛された。一九三八年の小説「約束の聖地」のなかに「宇宙の真理を求めようとするような人間の行動は露ほども見られなかった。勿論《もちろん》人類を相愛互助の世界に導こうとする真剣な態度は露ほども発見することは出来なかった」と記したことが、治安維持法にふれるといって削除を命ぜられた。

一九四〇年八月には、反戦論の疑いで憲兵隊に拘引《こういん》され一八日間留置の憂き目にあい、それにひきつづいて、一九二二年以来毎月刊行されていた雑誌『雲の柱』は発行停止においこまれた。『雲の柱』の終刊号の巻頭には「エレミヤ哀歌に学ぶ」という賀川の松沢教会での説教がのった。その終わりの部分に、「口を塵《ちり》につけよ、エレミヤ哀歌にこの真理をうたった詩人の気持を理解しなければならない。そうすれば神は永久に民をすて給わぬということが自らわかってくるのである。世界の理想は神中心の神の国の組織である。そこにはいささかも悪の支配がなく、ただ愛と謙遜と知識と芸術とが支配するのみで、即《すなわ》ち正しき者が勝利を得る世界である。この究極の真理を忘れてはならない。これを忘れる者が負け、これを忘れない者が勝つのである。

世界を救う真理のためには、徹底的はずかしめを受けることも時には忍ばなければならない。世の救いのためには癩者《らいしゃ》＊の膿《うみ》をすう覚悟がいる。即《すなわ》ち、口を塵《ちり》につけよ、あるいは望みあらん。おのれを打つ者に頬をむけ、充ちたれるまでにはずかしめをうけよである」と書いたが、検閲にかかり、雑誌は一九四〇年一〇月終刊となった。

一九四一年

四月、アメリカに赴き、三〇〇回をこえる講演で、日米両国間の平和をとき、戦争をさけるために努力した。九月五日晩、西荻窪《にしおぎくぼ》の荻外荘《てきがいそう》すなわち近衛文麿《このえふみまろ》邸で、有馬頼寧《ありまよりやす》の仲介により、近衛首相と約三時間、日米平和工作について懇談した。その後いよいよ日米の風雲急をつげたとき、首相がルーズベルト大統領と和平の会談をしたいということを、スタンレー・ジョーンズならびに大統領に賀川が打電した。

折り返しスタンレー・ジョーンズからの電報は、「ここ一週間があぶない。ワシントンで徹夜の祈禱《きとう》会を開くから、東京でも開け」というものであった。賀川は同志たちと連日連夜不眠の祈禱《きとう》会をひらいた。一週間つづけた後、ローソクの火をふき消したとき真珠湾攻撃の報がラジオから流れていたという。

一九四三年

五月二七日、神戸市における伝道集会の講演が反戦思想、社会主義思想の疑いがあると神戸相生橋《あいおいばし》警察署で取り調べられ、さらに一一月三日から九日間、反戦的行為があったとして東京憲兵隊本部の取り調べをうけた。これによって会員であった友和会（F・O・R）の解散、戦争抵抗者インターナショナルに脱退届けを提出し、以後、社会活動の制限をうけるようになった。

一九四五年

第二次世界大戦終戦直後の八月一九日（日）、賀川は松沢教会の講壇から、ざんげの心をこめて戦争の罪悪を反省し、新しい方向は「世界国家」の建設であると説いた。

八月三〇日、『読売報知』に「マッカーサー総司令官に寄す」の一文を書き、日本民族の特異性をのべ、今後は世界文化への貢献と奉仕に役立ちたい。その具体策としては国際協同組合同盟と世界国家を提唱したいと記した。九月二七日には国際平和協会をつくり、次の綱領をかかげた。

1. 我らは新憲法の精神にもとづき世界平和に貢献せんとす。
2. 我らは侵略戦争の絶滅と世界における徹底的軍備縮小の実現を期す。
3. 我らは世界における搾取と独占とを否定する協同組合的精神による国際的恒久平和の徹底を期す。
4. 我らは、宗教、社会、政治、経済、教育、文化その他万般の人間活動を通して人類相愛互助の実現を期す。

一九四七年
国勢平和協会の機関誌『世界国家』に、運動普及の目的でシカゴ大学名誉総長ロバート・ハッチンス博士の「世界憲法草案」を翻訳した。

一九四九年
世界連邦会議ならびに道徳再武装運動（ＭＲＡ）に招聘《しょうへい》をうけて、渡航願書をＧ・Ｈ・Ｑに提出した。日本人の渡航が厳しく制限されていた時、国際ＭＲＡ協会の働きかけにより、特別旅券で渡航、イギリス、ドイツ、アメリカを回り日本復興の援助を仰いだ。
一二月には、かねてから国会に働きかけていたことが実をむすび、世界連邦国会議員連盟が結成された。

一九五一年
世界連邦アジア会議は、一一月三日から四日間にわたり、広島市において開催され、インド、インドネシア、マライ、カンボジア、ベトナム、フィリピン、中国、台湾、韓国、沖縄、ドイ

世界連邦アジア会議（1952年）

ツ、イギリス、アメリカの各国からボイド・オア（世界連邦世界運動会長、イギリス）、R・B・パール（元極東軍事裁判所判事、インド）、T・アブドル・ラーマン（マライ連邦首相）等をふくむ代表約三五〇名が出席した。席上、議長賀川のもと次の宣言を決議した。

「いまや全人類は、あげて原爆戦争の惨禍におびえ、その非人道性を悲しむとともに、国際的抗争により激化せられつつある第三次世界戦争の危険を如何《いか》にして阻止せんかに悩んでいる。

世界連邦アジア会議は、この会議が原爆の地広島に開催された歴史的意義にかんがみ、戦争の絶滅を期する厳粛なる決意を新たにするとともに、世界連邦の基礎たる人類同胞愛の精神を強化するため、次の諸項を満場一致をもって採択決議し、これを全世界に宣言する。

1．原子兵器の製造ならびに使用を禁止する。

2. 軍備の全廃を目標として各国の現有軍備を徹底的に縮小する。
3. 人種的差別を撤廃し基本的人権を確立する。
4. 宗教的偏見を排除し、世界各宗教の提携を促進する。
5. 速やかに各国における戦犯ならびに俘虜《ふりょ》を釈放する。
6. 人口問題の解決のため世界資源の開放を期する。

これらの精神原理と決議事項を貫徹する方法として、われらはマハトマ・ガンジーの『真理の把持《はじ》』の原理にたちて世界連邦運動を強力に推進する。」

国連未加盟国会議（1954）で議長をつとめる賀川豊彦。

一九五四年

二月、世界連邦世界運動会長ラルセン氏および名誉会長ボイド・オア卿の署名で、賀川に世界連邦世界運動副会長就任の依頼があり、賀川はそれを承諾した。国連未加盟国会議を五月二日～四日東京でひらき、平和機構の世界性を主題として、下記の三つのテーマで討論した。

1. 何故、多くの国家は国際連合に加盟できないか
2. 何故に、ある国家は国際連合に加盟しようとしないか
3. 全世界を包含する平和機構は何であるか

賀川は世界連邦運動の代表議長として会議の進行にあたった。

第二回世界連邦アジア会議は一一月一日〜五日に東京で開催、インド、インドネシア、タイ、フィリピン、中国、台湾の諸国およびイギリス、フランス、アメリカ、スイス、イスラエル、ニュージーランドから代表が参加した。

世界建設同盟理事会（1955年）
前列左２人目より北村徳太郎《きたむらとくたろう》、賀川豊彦、東久《ひがしく》邇稔彦《になるひこ》、下中弥三郎《しもなかやさぶろう》。

東京会議終了後、長崎、広島、亀岡などでも諸会合がもたれ、またこれと併行して第二回アジア協同組合懇談会が東京で開催、賀川はいずれの会議にも議長として活動した。

一九五六年

一一月二六日、戦争放棄促進大会を東京で開き、賀川は「日本国憲法で戦争放棄を宣言したことは、世界史的に大事件であり、われわれはこれを守りぬいてゆくことはもちろん、世界各国にむかって、日本にならって戦争を放棄するように説得すべきである。日本は国内的には政治、経済、社会的な大改革を通じて国民生活を安定させ、外には厳正中立を守って紛争の和解、仲裁役にならねばならぬ」と説いた。

戦争放棄促進大会（1956）で戦争絶滅を講演する賀川豊彦。

一二月、日本と韓国との国交が、第二次世界大戦以来絶えているのを憂えて、同じクリスチャンで、プリストン大学の同窓であった韓国の李承晩《イスンマン》大統領宛に「李承晩大統領に訴う」の公開書状を『毎日新聞』紙上に発表し、その返書をうけた。賀川はすぐ韓国代表部に金公使を三度訪ねて話し合い、鳩山《はとやま》首相、緒方竹虎《おがたたけとら》氏にも会見して、日韓の国交回復につとめた。

一九五七年

アジア・アフリカ（A・A）諸国の提携と協力、核兵器の禁止と軍備の撤廃、国連の強化とその世界連邦化の三議題をかかげて、第三回世界連邦アジア会議が一〇月一八日～二一日まで京都で開催された。インド、ブルネイ、シンガポールさらにイギリス、アメリカ、ドイツの各代表、日本側協議員六三一名の他、A・A諸国の指導者民間各層から、ヨーロッパ、アメリカの世界連邦運動の同志から二百通にのぼるメッセージがよせられた。この度も賀川は議長の一人として活躍し、「京都宣言」を発表して会議は無事終了した。

京都宣言

とどまるところなき科学の進歩はついに人工衛星を生んだ。しかるに精神面は依然として前世紀的である。そこに人類の悲劇がある。

核兵器の禁止は全人類の願いであり、平和をもとめる声は全世界にわきあふれている。しかも強大国は己れの安全を軍備に依存せんとし、今なお万人の生存をおびやかす核兵器を製し、実験をつづけている。何たる非人道的振舞であろうか。

他方国際連合は大国に圧せられてこれを阻止する能力なく、その機能はすでに限界に達している。ここに国連憲章を速やかに改正し、国際連合を強化して新しい世界秩序を樹立しなければならない。われわれは世界社会の基調たる人類の良心と愛により、たがいに緊密なる協力提携をはかるとともに、核兵器の全面的禁止と軍備の撤廃、戦争の絶滅を期し、恒久平和をもたらす世界連邦の速かなる実現に向かって努力し邁進する。

一九五八年

世界平和のためのキリスト者国際会議を、八月一四日、東京・青山学院で開き、世界の現実が平和か絶滅かのわかれ目にあるとき、世界のキリスト者が国境をこえて一堂に会した。それは、主キリストによりつつ神に祈り、われわれの罪をざんげしつつ「キリストは私達の平和」であることを確認し、世界の平和のために祈りをともにしたいという趣旨のもとに開催された。海外参加者は、アルゼンチン、オーストラリア、カナダ、コンゴ、イギリス、フランス、ドイツ、ガーナ、ギリシャ、インド、イラン、ケニア、ニュージーランド、ナイジェリア、ペルー、フィリピン、タイ、アメリカの一八か国九五名あった。

賀川はここでも議長をつとめ、「このようなキリスト者国際平和会議を毎年開きたい」と挨《あい》拶《さつ》した。

5. キリスト教伝道者としての賀川豊彦

広い範囲にわたる賀川の活躍は、賀川の本領をあいまいなものに見せているが、キリスト教伝道は賀川にとって、アルファであり、オメガである。賀川の祈りも、労苦も、また希望もすべては、そこにかけられていた。主なるキリスト教伝道には次のようなものがある。

一九二五年――百万人救霊運動（当時二五万人いた信者を、一〇〇万人救霊を目標として普及伝道を展開した）。

一九二九年――神の国運動（昭和初期の荒廃した日本に、伝道と教育と協同組合の三本柱による社会改造を提唱し、日本巡礼の講演行脚を行った）。

一九三三年――協同伝道

講演会（1949年）

一九四六年――新日本建設キリスト運動（敗戦にうちひしがれた日本に、戦前の誤った国家主義を再び繰り返さぬように、平和的世界国家を提唱し、講演行脚を行った）。

〈海外伝道〉

一九二四年――一一月二五日～翌二五年七月二二日　アメリカ講演、ヨーロッパ各国の協同組合視察。
一九二七年――八月一六日～　中国伝道（上海でのキリスト教経済会議出席のため）。
一九三〇年――七月一九日～　中国伝道。
一九三一年――一月一三日～二月一三日　中国伝道。
一九三一年――七月一〇日～一一月一二日　カナダ、アメリカ（世界ＹＭＣＡ大会出席のため）。
一九三四年――二月～三月一四日　フィリピン伝道。
一九三五年――二月一八日～七月三〇日　ハワイ、オーストラリア建国一五〇年記念伝道、ニュージーランド伝道。
一九三五年――一二月五日～翌三六年六月三〇日　アメリカ協同組合普及講演のため全米四

講演会（ノルウェー・1950年）

七州を回る。

一九三六年――七月八日～一〇月一二日　ノルウェー（世界日曜学校連盟大会出席のため）他ヨーロッパ各国を視察。

一九三八年――一一月一五日～翌三九年三月一八日　インド（世界宣教大会出席のため）

一九四一年――四月五日～八月一七日　アメリカ（キリスト教平和使節団の一員として）

一九四四年――一二月二〇日～翌四五年二月五日（一九四五年）中国伝道。

一九四九年――一二月二二日～　イギリス、ドイツ、デンマーク、スウェーデン、ノルウェーの各国で伝道。

一九五〇年――七月一五日～一二月二八日　アメリカ、カナダ（世界基督教教育協議大会講演のため）。

一九五三年――一月二八日～六月二五日　ブラジル伝道。

一九五五年――七月一日～一〇月二五日　アメリカ、カナダ（世界基督教会議出席のため）。
一九五七年――一月二三日～二月二二日　タイ伝道。
一九五八年――一月二二日～二九日　マラヤ（国際協同組合同盟東南アジア会議出席のため）。

一九五九年一月五日、四国のキリスト教伝道に、風邪で発熱しているにもかかわらず、「伝道者は、伝道途上に倒れるのが本望だ」と、出発を延ばすことをすすめる同志を叱るように出かけた。しかし、一月六日早朝、宇野《うの》・高松間の連絡船から高松桟橋におりると、はげしい疲労と痛みのため高松ルカ内科病院に入院して療養につとめ、三月二四日、東京の自宅に帰り、一時は病院に入ることもあったが、自宅で療養につとめた。気分のいい日には、自らペンをとって『キリスト新聞』の「不尽油壺」の欄に原稿をかき、ときにはラジオ放送のため録音をとることもあった。だが病には勝てず、一九六〇年四月二三日、東京・上北沢の自宅にて午後九時一三分逝去。七一歳九か月の生涯を終えた。
四月二九日、青山学院大学礼拝堂にて葬儀を行った。

6．著述家・詩人・教育者として、また自然科学の造詣について

賀川は社会事業、労働組合運動、農民組合運動、協同組合運動、無産政党運動、世界連邦運動、平和運動等の社会運動と伝道のかたわら、これらの運動に関する著述一三八冊と、詩・歌・随筆・小説・童話等文学作品多数を遺している。これらの主要なものは全集二四巻に収められている。そのうち代表的なものは自伝的小説「死線を越えて」、「一粒の麦」、農村の更正を描いた「乳と蜜の流るる郷」等である。

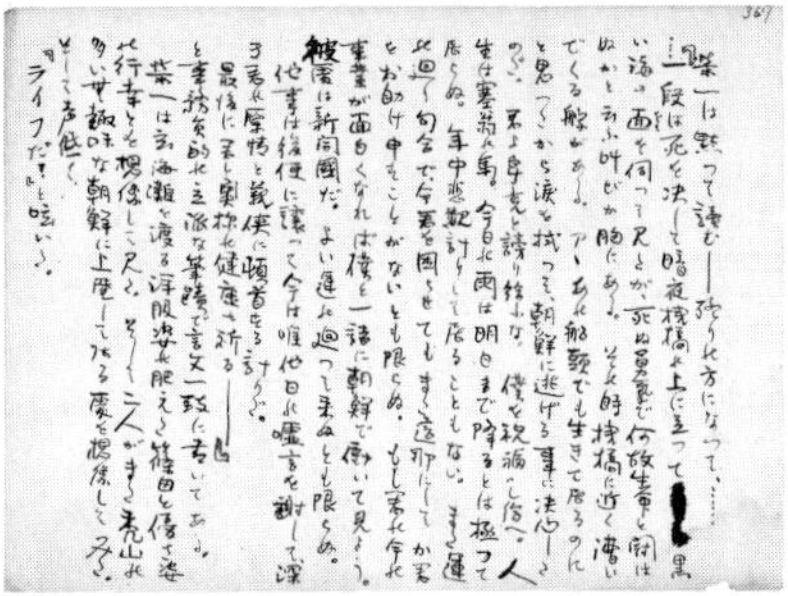

「再生」（後の「死線をこえて」）の自筆原稿

彼は社会事業家、伝道者、作家でもあったが、しかしそのいずれにもまして詩人であった。『永遠の乳房』の序文の中に彼はこう書いている。

「私は詩の外に書けない男であるかも知れぬ。私はそれが上手、

「宇宙の目的」出版記念祝賀会

下手と云《い》うことを離れて、私の胸の渦巻に、そうした旋律の外、感ずることが出来ないのである。私に取っては、科学も、哲学も、宗教も、経験も、生活も、凡てが詩になる。内なるものは内なるもの、生命の詩となり、外なるものは表象の詩となる。」

一九一九年（大正八年）、最初の詩集『涙の二等分』が発行されたが、その序文で与謝《よさ》野晶子《のあきこ》は、彼を貧民詩人、労働詩人、恋愛詩人と称している。

賀川はまた教育にも熱意を注ぎ、人間の基礎を形成する幼児教育に特に力を入れた。若き日、神戸で貧しい人々と共に暮らす中で、劣悪な家庭環境、社会環境では良い子どもが育たないことを痛感し、幼時における保育所、幼稚園教育の重要性を力説した。そのため「魂の彫刻」「幼児自然教案」「子供の権利」「宗教教育の本質」等のユニークな教育論と共に、その教育実践の場として松沢幼稚園他、多数の保育所を設立した。明治学院、同志社大学教授として大学教育にも携わり、神戸市教育委員として、長年の彼の抱負を実践した。

また、賀川は幼児期より自然を愛した。イエス・キリストも、いかに自然に親しまれ、識《し》っておられたかを「聖書」から学び取り、彼もまた、神がどのようにこの世界を創られたかを識《し》ろうと努力した。動物、植物、生態学、発生学、進化論、遺伝学、生化学、宇宙の起源や生命の発生、岩石、結晶学、地層、地球物理、天文学、原子物理学、量子力学等、自然科学のあらゆる範囲にわたって興味を示し、それらの知識によって災害の予防や、立体農業を考え、「幼児自然教案」を書き、あるいは原子カルタや原子将棋を考案したりした。

晩年に出版された著書『宇宙の目的』は、彼の思想の集大成ともいえる哲学書と見られている。彼の生涯を通じての「宇宙悪」の追求と、自然科学探求と宗教の合一ともいえるライフワークの成果であった。

7．賀川豊彦略年譜

一八八八（明治二十一）年　0歳……賀川純一と益栄（本名　菅生かめ）の二男として神戸に生まれる。

一八九二（明治二十五）年　4歳……父・純一没（44歳）。

一八九三（明治二十六）年　5歳……母・かめ没。姉・栄と共に徳島の本家にひきとられる。

一九〇一（明治三十四）年　13歳……肺結核の診断を受ける。

一九〇二（明治三十五）年　14歳……宣教師C・A・ローガンに英語を学ぶ。

一九〇三（明治三十六）年　15歳……賀川家破産、叔父・森六兵衛の家に移る。

一九〇四（明治三十七）年　16歳……宣教師H・W・マヤス博士より洗礼を受ける。

一九〇五（明治三十八）年　17歳……ラスキンの「胡麻と百合」を翻訳し、『徳島毎日新聞』に連載。「武装せる蟹《かに》」を徳島中学機関雑誌『渦の音』

に発表。徳島中学校を卒業し、明治学院高等部神学予科に入学する。

一九〇六（明治三十九）年　18歳……『徳島毎日新聞』に「世界平和論」を投稿掲載される。

一九〇七（明治四十）年　19歳……神戸神学校新設により転校を決意。九月開校まで、愛知県岡崎教会、豊橋教会へ応援伝道し、牧師・長《なが》尾《お》巻《まき》と出会い、その生き方に感動する。

一九〇八（明治四十一）年　20歳……三河《みかわ》の蒲郡《がまごおり》に九か月転地保養。「再生」（後の「死線を越えて」）を執筆、その原稿を携えて島崎藤村《しまざきとうそん》を訪ねる。

一九〇九（明治四十二）年　21歳……神戸のスラムの人々と一緒に住み、キリスト教伝道、隣保事業を行う。

一九一一（明治四十四）年　23歳……救霊団実業補習学校を開校。神戸神学校卒業。

一九一二（明治四十五）年　24歳……神戸のスラムに一膳飯屋「天国屋」を開店したが三か月で閉店。

一九一三（大正二）年　25歳……伝道師試験合格。芝ハルと結婚。

一九一四（大正三）年　26歳……プリンストン神学校へ入学、プリンストン大学で聴講。ハルは横浜共立神学校に入学。

一九一五（大正四）年　27歳……プリンストン大学より文学学士号（M・A）のクレジットを受ける。警醒社より『貧民心理の研究』出版。

一九一六（大正五）年　28歳……プリンストン神学校より神学学士号（B・D）の学位を受ける。

一九一七（大正六）年　29歳……アメリカから帰国し、再び神戸においてキリスト教伝道と社会事業を始める。

一九一八（大正七）年　30歳……友愛会に評議員として、神戸地区の労働運動に参加し、次第に友愛会関西労働同盟会の指導者となる。無料診療所開設。

一九一九（大正八）年　31歳……労働運動と並行して消費組合運動をおこし、大阪に購買組合共益社を組織する。貧民窟詩集『涙の二等分』出版。

一九二〇（大正九）年　32歳……神戸購買組合を設立。小説『死線を越えて』を出版。ベスト・セラーとなる。

一九二一（大正十）年　33歳……川崎造船所、三菱造船所に労働争議がおこり、賀川は参謀として争議を指導する。イエスの友会、日本農民組合を結成。

一九二二（大正十一）年　34歳……個人雑誌『雲の柱』発刊。日本農民組合機関誌『土地と自由』創刊。夫人同伴で台湾伝道。財団法人「神戸イエス団」設立。

一九二三（大正十二）年　35歳……イエスの友会、第一回修養会を御殿場・東山荘にて開催。関東大震災救援のため東京に移り住み、東京・本所で各種の救援活動を行う。

一九二四（大正十三）年　36歳……帝国経済会議議員。中央職業紹介委員会委員。全

一九二五（大正十四）年

アメリカ大学連盟の招聘《しょうへい》により渡米。

37歳……日本救癩《きゅうらい》*協会（日本ＭＬＴ）創設に参加。イエスの友会全国大会において「百万人救霊運動」を開始することを宣言。大阪の労働者街に四貫島《しかんじま》セツルメントを創設。

一九二六（大正十五・昭和元）年

38歳……東京学生消費組合を設立。「神の国運動」を開始。西宮《にしのみや》に移る。

一九二七（昭和二）年

39歳……西宮瓦木《かわらぎ》村の自宅で、農民福音学校を開く。東京に江東《こうとう》消費組合を設立。アメリカのカガワ後援会より、ミス・ヘレンタッピング派遣される。

一九二八（昭和三）年

40歳……東京に庶民金融機関として中ノ郷《なかのごう》質庫《しちこ》信用組合を設立。

一九二九（昭和四）年

41歳……カナダのパインヒル神学校より神学博士の名誉学位を受ける。東京市長・堀切善次郎《ほりきりぜんじろう》より社会局長就任を要請されたが辞退、嘱託となる。西宮より東京・松沢《まつざわ》村に移転。日本基督教連盟により「神の国運動」が宣言され、全国伝道を開始する。小説「一粒の麦」を雑誌『雄弁』に掲載。

一九三〇（昭和五）年　42歳……中国の招きをうけ、華中に伝道に赴く。済南《さいなん》大学（山東省）での協同組合論の講演により合作社運動が起こる。御殿場農民福音学校高根《たかね》学園を設立。

一九三一（昭和六）年　43歳……中国伝道。新渡戸稲造《にとべいなぞう》らと東京医療利用購買組合の設立運動を開始する（認可、一九三二年）。松沢教会設立。松沢幼稚園を開園。

一九三二（昭和七）年　44歳……中央職業紹介委員会委員。社会保険調査委員。武蔵野農民福音学校を開設。

一九三三（昭和八）年　45歳……日本協同組合学校を設立、協同組合運動者の養成に尽力。幼児教育のための「自然教案」を作る。

一九三四（昭和九）年　46歳……フィリピン・中国のキリスト教伝道に出かける。東北飢饉救済に「親類運動」を起こし、凶作地の子女を引き取る。

一九三五（昭和十）年　47歳……オーストリア、ニュージーランドに伝道。アメリカ政府ならびにキリスト教連盟の招きで渡米。

一九三六（昭和十一）年　48歳……ノルウェー・オスロにおける世界日曜学校連盟大会で講演。ヨーロッパ各地を訪問。

一九三七（昭和十二）年　49歳……「原子かるた」を考案発表。

一九三八（昭和十三）年　50歳……財団法人「雲柱社《うんちゅうしゃ》」を設立し、初代理事長となる。インド・マドラスにおける世界宣教大会に講師として出席。

一九四〇（昭和十五）年　52歳……反戦思想の疑いで渋谷憲兵隊に検挙され、一八日間留置。

一九四一（昭和十六）年　53歳……キリスト教平和使節としてアメリカに赴き戦争防

止のために尽力する。

一九四二（昭和十七）年　54歳……中国東北部（満州）各地に伝道。

一九四三（昭和十八）年　55歳……反戦思想、社会主義思想の疑いをもって、神戸・相生橋《あいおいばし》警察署に留置される。

一九四四（昭和十九）年　56歳……宗教使節として中国に行き伝道する。

一九四五（昭和二十）年　57歳……日本基督教団戦時救済委員会委員長として、戦災者の救護にあたる。厚生省戦災援護会委員となる。七月下旬NHKから海外に向けて放送を行う。八月一五日敗戦。松沢教会で「世界国家」について説教。東久邇宮《ひがしくにのみや》内閣の参与となる。「マッカーサー総司令官に寄す」を『読売報知』に掲載。国際平和協会を設立し、機関誌『世界国家』を発行。厚生省、神戸市の顧問となる。議会制度審議会委員となる。日本社会党結党を呼びかける。日本協同組合同盟会長（後に日本生活協同組合連合会会長）となる。日本教育者組合会長となる。

一九四六（昭和二十一）年　58歳……食糧対策審議会委員となる。また貴族院議員に勅選される。『キリスト新聞』創刊。新日本建設キリスト運動を宣言、中心講師として全国を行脚。

一九四七（昭和二十二）年　59歳……全国農民組合長に推される。この年と翌四八年、ノーベル文学賞候補にあげられる。

一九五〇（昭和二十五）年　62歳……欧米伝道。アメリカのキュカカレッジより名誉文学博士の称号を受ける。

一九五二（昭和二十七）年　64歳……広島市で世界連邦アジア会議が開かれ、その議長となる。

一九五五（昭和三十）年　67歳……この年より五七年にかけて、三度、ノーベル平和賞候補にあげられる。

一九五六（昭和三十一）年　68歳……神戸市教育委員に推薦される。

一九五七（昭和三十二）年　69歳……タイ伝道に出かける。京都で第三回世界連邦アジア会議が開かれ、議長をつとめる。

一九五八（昭和三十三）年　70歳……クアラルンプールの国際協同組合同盟アジア会議に日本代表として出席。『宇宙の目的』出版。

一九六〇（昭和三十五）年　72年……東京・上北沢の自宅にて召天。

【註釈】

＊癩《らい》：ハンセン病はかつて癩《らい》と呼ばれたが、この言葉は歴史的に、長らく病者に対する差別や偏見とともに使われてきたので、現在は、菌の発見者の名に由来する、ハンセン病という呼称を用いている。

賀川豊彦関係事業展開図

キリスト教

- 教会設立（神戸イエス団教会・東駒形教会・大阪四貫島教会・生野教会・松沢教会他）――松沢教会他
- イエスの友会――（イエスの友看護婦ミッション・店員ミッション）――イエスの友会
- 伝道活動――百万人救霊運動
  - 神の国運動（大衆・農村・職域伝道）――新日本建設キリスト運動
  - 海外伝道（アメリカ・ヨーロッパ・オーストラリア・中国・ブラジル）

幼児教育

- 幼稚園――松沢幼稚園・甲子園二葉幼稚園他
- 保育園――イエス団関係22施設・雲柱社関係8施設・〈幼児自然教案カリキュラム（雑草園・結晶体模型・星座カルタ・原子将棋等）〉

救済事業

- 救霊団（神戸）――神戸イエス団――イエス団――神戸賀川記念館
- 本所基督教産業青年会――本所イエス団――本所賀川記念館
- 雲柱社――賀川豊彦記念松沢資料館
- セツルメント――四貫島セツルメント
- 庶民金融――中ノ郷質庫信用組合――中ノ郷信用組合
- 診療事業
  - イエス団友愛救済診療所・本所イエス団診療所・結核予防協会（白十字会）・豊島神愛保養農園・日本救癩（JLM）協会
  - 東京医療組合・中野組合病院――中野総合病院
- 職業紹介――歯ブラシ工場経営　神戸市職業紹介口入所――神戸市公共職業安定事業へ吸収

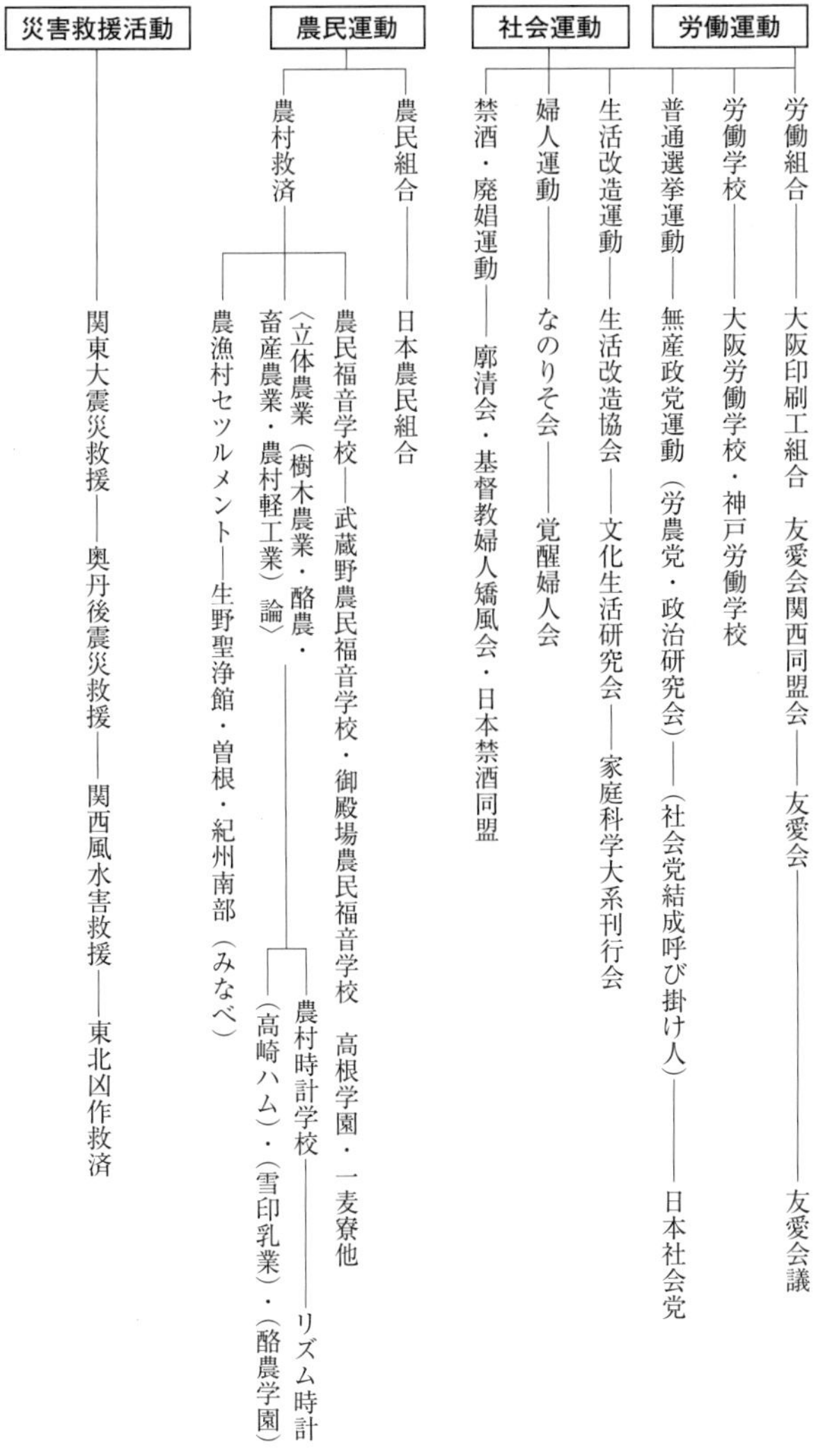
労働運動
社会運動
農民運動
災害救援活動
労働組合
大阪印刷工組合　友愛会関西同盟会
友愛会
友愛会議
労働学校
大阪労働学校・神戸労働学校
普通選挙運動
無産政党運動（労農党・政治研究会）
（社会党結成呼び掛け人）
日本社会党
生活改造運動
生活改造協会
文化生活研究会
家庭科学大系刊行会
婦人運動
なのりそ会
覚醒婦人会
禁酒・廃娼運動
廓清会・基督教婦人矯風会・日本禁酒同盟
農民組合
日本農民組合
農村救済
農民福音学校
武蔵野農民福音学校・御殿場農民福音学校　高根学園・一麦寮他
〈立体農業（樹木農業・酪農・畜産農業・農村軽工業）論〉
農村時計学校
リズム時計
（高崎ハム）・（雪印乳業）・（酪農学園）
農漁村セツルメント
生野聖浄館・曽根・紀州南部（みなべ）
関東大震災救援
奥丹後震災救援
関西風水害救援
東北凶作救済

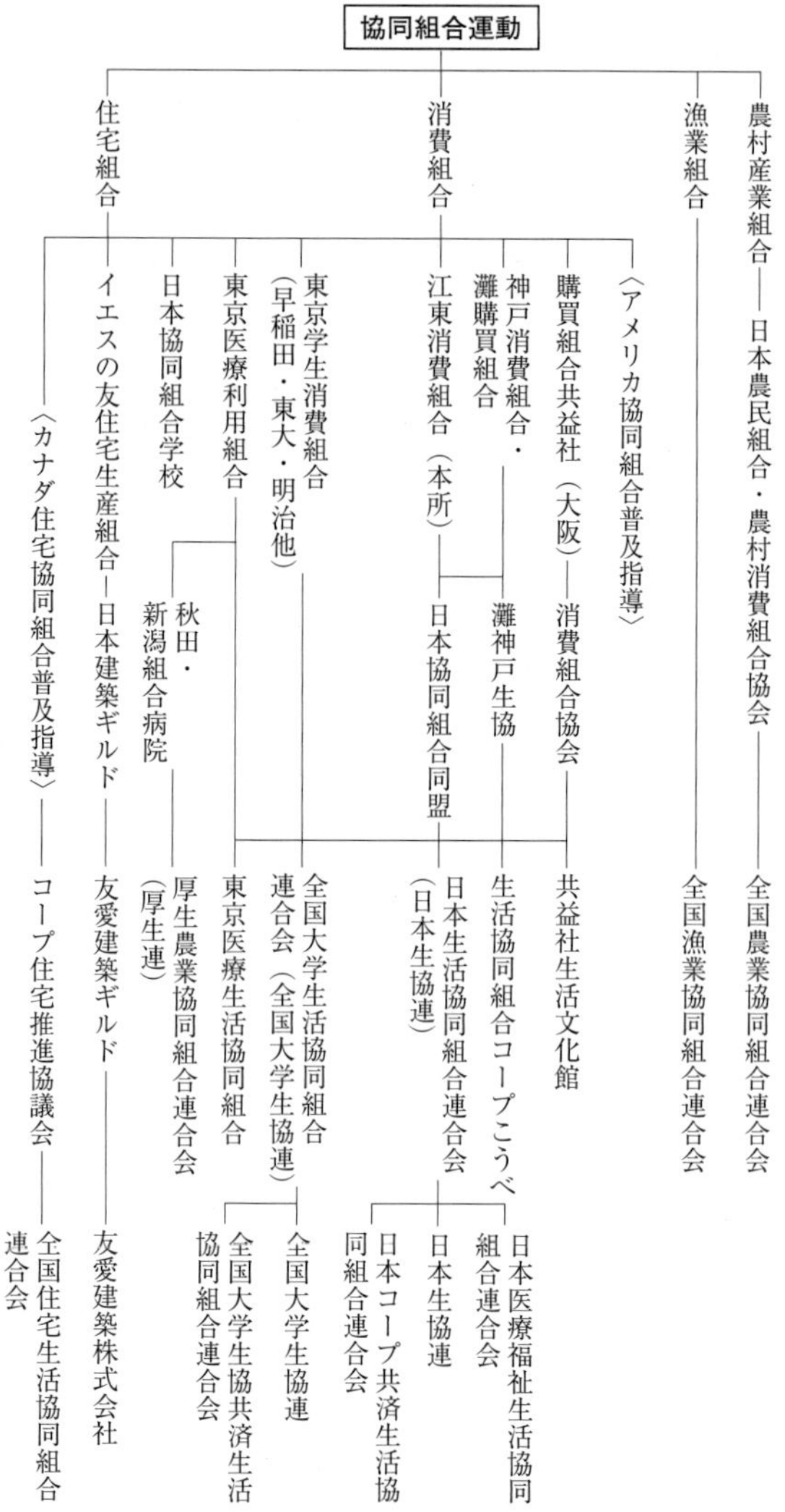
協同組合運動
農村産業組合
日本農民組合・農村消費組合協会
全国農業協同組合連合会
漁業組合
全国漁業協同組合連合会
消費組合
〈アメリカ協同組合普及指導〉
購買組合共益社（大阪）
消費組合協会
共益社生活文化館
神戸消費組合・灘購買組合
灘神戸生協
生活協同組合コープこうべ
江東消費組合（本所）
日本協同組合同盟
日本生活協同組合連合会（日本生協連）
日本医療福祉生活協同組合連合会
日本生協連
日本コープ共済生活協同組合連合会
東京学生消費組合（早稲田・東大・明治他）
全国大学生活協同組合連合会（全国大学生協連）
全国大学生協連
全国大学生協共済生活協同組合連合会
東京医療利用組合
東京医療生活協同組合
秋田・新潟組合病院
厚生農業協同組合連合会（厚生連）
日本協同組合学校
住宅組合
イエスの友住宅生産組合
日本建築ギルド
友愛建築ギルド
友愛建築株式会社
〈カナダ住宅協同組合普及指導〉
コープ住宅推進協議会
全国住宅生活協同組合連合会

保険・共済事業

- 〈国民健康保険構想〉（漁船保険・生命保険等）
- 賀川社会事業研究所
- 東京復活共済組合
- 〈保険事業の協同組合化〉
  - 農協共済事業 — 全国共済農業協同組合連合会（全共連）
  - 労働者共済 — 全国労働者共済生活協同組合連合会（全労済）
    - 労働金庫 — 全国労働金庫協会
    - 労働研究会 — 日本労働者福祉研究協会
  - 損害保険 — 共栄火災海上保険相互会社

平和運動

- 平和早天祈祷会（毎週金曜日・松沢教会）
  - 遣米キリスト教平和使節団 — 平和早天祈祷会（松沢教会）
  - 国際平和協会 — 世界連邦アジア会議 — 世界連邦建設同盟

著作活動

- キリスト教 — （イエス研究・伝道論・教育論）
- 論文 — （社会運動・協同組合運動・平和運動・ライフワーク宇宙の目的）
- 小説・童話・詩・散文詩・随筆
- 〔雑誌発刊〕
  - 『新神戸』『労働者新聞』『土地と自由』
  - 賀川豊彦個人雑誌『雲の柱』
    - 雑誌『世界国家』『農村』
    - 復刊『雲の柱』
    - 『キリスト新聞』 — キリスト新聞社設立
  - 『基督教家庭新聞』 — 「日曜クラブ」

（底本・『賀川豊彦・人と働き』〔一九九三年六月一日増補改訂版、財団法人 雲柱社 賀川豊彦記念・松沢資料館発行〕）

協同組合の理論と実際（一九四六年）

序

社会は意識によってつながる。「社会は精神の衣である」と、社会学の創始者オーギュスト・コント[*1]は言った。意識の目覚めの無いところに計画経済も無ければ、統制経済もあり得ない。自然のままに生活するものに経済は不必要である。経済は意識と共に展開する。利己意識に資本主義は根ざし、国家主義にナチスとファシストが産まれ、階級意識と共にマルクス経済が生長する。全世界の全人類を包括し得るものはけだし全社会連帯意識を基礎とする協同組合経済でなければならぬ。国際連合が国際協同組合本部をサンフランシスコ会議[*2]に招待したのも故あるかなである。協同組合の目覚めの外に世界平和の道なく、侵略戦争絶滅の道は無い。全世界四分の一の人々が今や協同組合に加盟している。このためにこそわれらは奮起して、日本の協同組合化に専念すべきである。協同組合は産業民主の根本方策であり、政治的民主主義の根底をなすものである。

一、世界の現勢と協同組合運動

世界は、わずか半世紀と経たぬ間に、恐るべき二つの大洪水を経験した。一九一四年の第一次世界大戦と、今回の第二次世界大戦とである。第二の大洪水の引いた後、世界は敗戦国といわず、勝利国といわず共に深刻な悩みを通過しつつある。

今次の戦争で世界は距離的にも飛躍的に縮小する一方である。汽車・電車・自動車から、さらに驚くべき高性能の飛行機の出現、ジェット機までとび出そうという時代である。

それればかりではない。さらに国家と国家の関係においても、世界に現存する六十五の国家群も、アメリカ合衆国の組織にならって、ユナイテッド・ステーツの代わりに、ユナイテッド・ネイションズ（国家連合）の時代に入りつつある。世界はてんでんばらばらであってはならぬ。一つになろう。一つになって平和を確立し全人類の福祉を推し進めてゆこうという考えに段々なってきている。

地理的にも、政治的にも、文化的にもこうした著しい傾向が現れている時、われらは経済の世界においても旧世界の無知と暗黒と惰性と自滅の中に閉じ込められて旧態墨守の盲目的空回りに甘んじていてはならないのである。

われらはかつて無秩序な経済状態が犯してきた辛い経験を生かして今までのように無統制で、ばらばらであってはならぬことを痛切に察知しなければならないのである。

心理の目的性に背くものは必ず敗れる。われらはまずこのことをはっきりと銘記せねばならない。われらは、今や謙遜なる反省と静思の中に、全人類に喜びを与え、全ての人が要求するところのものに速やかに就かねばならない。

経済機構も、生産、分配、消費の傾向が、全部物質および本能的な経済行動から救われて、初めて意識的に移り、生命的な一つの大きい愛の組織を形成せねばならないのである。その愛の経済組織とは、ここにいう協同組合運動のことである。

われらは、世界を一つの協同組合経済の世界とするために、あらゆる無用なる経済はこれを破壊して、世界の経済を建て直す協同組合への道を獅子奮迅の勢いで努力せねばならない。

しかもその理想達成へまでに到達するには容易ならざる幾多の段階を経ねばならぬであろう。しかもわれらはいかなる困難が襲いかかろうとも不滅の勇気をもって、これを勝ちとるまで邁《まい》進《しん》する者でなくてはならない。

二、協同組合なき社会の恐るべき混乱

翻って、われらは現実の世相を直視せねばならない。そこには何が展開されつつあるか。窮乏・飢餓・不安・闘争・失業・闇の横行・混乱・恐慌、などなどの深淵が、暗黒な口を開いて人々を呑《の》みつつあり、かつ呑《の》まんとしているのである。

一方またインフレーションの竜巻が吹きまくって、アレヨアレヨという間に人々を中天高く引きさらっては、再び地上へ墜落せしめている。

節制なく本能的行動のみに駆られたる乱雑を極めた利己的社会の様相は、まことに恐るべきものがある。

富の偏在蓄積、物資の少数者集中、社会の大衆は、失業し、飢餓線に彷徨《ほうこう》し、生活不安と、従属性と不信用の世界に蹴落とされ、永遠に浮かび上がり得ない叫喚の声を放っている。

自由放任の市場は、たちまち修羅のちまたと代わり、失業者の流れは大水の如く社会に溢れ、食糧獲得に狂奔する大衆で、交通は地獄化し、社会は暗黒の中へ突き落とされている。

世界に、キリストの名を呼ぶものが六億に近い。そしてキリスト教国と呼ばれるものは、全て文明国に属している。それにもかかわらず、その文明国に戦争が相続き、窮乏・失業・恐慌が絶えず、社会を脅かしているのは、何故であるか？

それは言うまでもなく、現代のキリスト教が教条にとらわれていて、まだ全生活の全福音となっていないからである。

そこで唯物的共産主義者は、「宗教は阿片《アヘン》なり」と叫ぶ。そして彼らは暴力と支配者階級の専制を訴えて、瞬間的の暴力革命によって、恒久の社会組織を勝ち得んとしている。

ソビエトは、それを経験してみた。しかしそのために数百万の人命を犠牲にして、ようやく勝ち得たものは、組合国家への道程であって、共産社会へはまだまだ遠い。

英国の労働党は、必ずしも、マルクス主義的革命を理想にしていなかった。しかし一九二五年にラムゼイ・マクドナルド[*3]が失脚するまで労働党内閣は、大英帝国の政権を握りながら、失業者数を減退せしめることも出来ず、労働法制上、何ら見るべきものがなかった。

これは、かつてドイツ社会民主党の失敗について見るもまた同じことが言える。エーベルト*4を大統領としたドイツ社会党は、一九一八年の革命により全ドイツの民衆を支配し得る地位に置かれたにかかわらず、ほとんど何ら見るべき産業革命をなしとげ得ずして、終わってしまった。

しかも、労働者のみを中心とする政権を数年間も握り得たのであるから、失業者の数ぐらいは減少させ得るかと思ったが、それさえなし得なかった。

これを見ると、生産者のみを中心とする唯物的社会主義も、経済的に社会を改造する力はないと考えなければならない。

三、資本主義社会の悲哀

これを見れば、単なる教条的な宗教も、ただそれだけで固定してしまっては、社会不安を除く力を持たず、唯物的社会主義も経済革命を完全ならしめる力を持っていないということが分かる。

　まして資本主義が、永遠の社会組織に役立たないことをここに記述するまでもない。それは、自由競争のうえに立てられているという特徴もあるが、その半面には（一）搾取制度を随伴し、（二）少数者の資本の集積が可能となり、有閑階級を社会の上層に形成させ、（三）それらの勢力は、資本と労力を少数者に集中させ、遂《つい》には、（四）階級闘争を引き起こす結果となり、無産者は出現し、恐慌と失業は必然的となり、唯物的共産主義者はその結果として現れることとなった。

　しかし、私は過去のこれらの悲哀をただ反復して、それを呪詛《じゅそ》することだけで止まることを望まない。私は資本主義が失敗し、教条的キリスト教がもて余し、唯物的共産主義およびいわゆる政党がなし遂げ得ない、真の社会改造、国家改造、世界改造への進路をいかにしても探し出さねばならない。

四、唯物的経済学の無能

それならば、新しき社会への改造の道はあるか？　私は「ある」と答える。

しかし、それは、旧式なアダム・スミス[*5]流の経済学では間に合わぬし、さればといって、カール・マルクス[*6]や、レーニン[*7]の唯物的弁証法の基礎の上に載せられた唯物史観的経済学でも駄目である。もちろん、全く経済倫理学の範疇《はんちゅう》をもたない教条的宗教でも不可能であることは、いうまでもないことである。

しからばいかにして、またいずこに、その解決を発見すべきであるか。私は、それを人間意識を基礎にしたる新しい意識経済学の上に求むべきであると断言する。私はこの協同組合運動を、合目的意識経済と呼んでいるのである。

五、マルクスの唯物史観は旧時代の一学説

私は今から二十六、七年前に『主観経済の原理』という本を著わして、その中で物の経済学から、心の経済学へまで進めねば、真の経済学は究明されないことを述べた。人々に唯物史観と経済史観を混同するために、経済というとあたかも物質運動であるかのごとく考えることを私は悲しく思う。

私は唯物的経済史観に対して、唯心的経済史観樹立の必要を強調したのである。その中の一節に私はこう書いた。〈われわれは、人間の歴史における客観の勢力を否定するものではない。しかし客観と自我が交渉して、そこに経済史が生まれる場合には、それはもう自然界の歴史ではなくして生物の発生史であるのだ。

人々はマルクスの唯物論に幻惑されて、この生物発生史としての経済史が分からなかった。そして今日の多くの唯物的社会主義者にも、まだその理が分からない。カーライル[*8]は『衣裳の哲学』を書いて、「衣服は思想の表象なり」と言い、ラスキン[*9]は『ヴェニスの石』を書いて「建

築史は思想史である」と言った。食物についても同様のことが言える。料理の歴史を調べてみても、人間は、単に食物だけの献立を作ってはいない。宗教上の礼典の献立と、婚礼の献立とは違い、古代のそれと、近代のとも違う。

同じ米でも日本人は、滋養に善き玄米を食わずに、美術的な白米を食う。料理も、一種の美術史である。この物質そのものとのみ見やすい衣食住の根底に横たわるものは、美術衝動・宗教衝動である。それがピラミッドを構築し、ヴェルサイユ宮殿、ローマの聖パウロ寺院を建築した〉

経済社会において、本能経済より理知経済に、習性経済より発明経済に、放任経済より統制経済に移行しつつある時において、もはや唯物論的経済学は、心理学的経済学に地位を譲らねばならない。

カール・マルクスは、一八四八年、彼が書いた『共産党宣言』の中に、「一つの時代の文化は、その時代の唯物的生産の形式に従って、主として決せられる」と書いている。

すなわち彼は、その唯物的生産の形式が、人間の意識の目覚めによってもたらされる心理的技能によって変化することを、全く無視している。今日では、唯物的生産形式そのものが、全く意識的目覚めの水準の差によって異なることがわかってきた。

マルクスは、人間社会においては、主として唯物的生産の形式が、文明文化を決定するというけれどもそんな簡単に一国の文化を説明し、片付けてしまうことは出来得ない。

その一例をまず簡単な衣食住の中の食物に関する生産ということに探ってみよう。

この食物の生産は、植物の征服、動物の征服、気象学・土壌学・肥料学・微生物学を始めとしてその他の諸学を加えて革命的に進歩した。これは全く人間意識の発達によるもので、単なる唯物的決定によるものではないことは明らかである。

マルクスの『資本論』唯物史観は、社会病理学を示してくれた点では立派なものであるが、社会病理の治癒方面には何ら触れるところがない。その最も重大な治癒は協同組合運動によらねばならないのである。

ここに詳しく述べる余裕はないが、カール・マルクスの唯物史観は、もはや新しき時代の経済生活を説明し得ない。唯物史観は既に旧《ふる》い一学説であったということを知らなければならない。

六、協同組合の有る無しの差違

そこで生産・消費・分配の道義的、芸術的、社会的、共栄的、共助相愛的な機構運営が現れねばならない。これが協同組合組織である。

今日、日本が直面している最も深刻な食糧問題を、根本的に解決しようとするならば、この協同組合を全国的に応用することが一番よいのである。都市を、農村を組合化して、組合都市、組合農村を発達させねばならない。

愛に根ざした助け合いの経済組織が、窮乏を救い、滅亡を避けしめるのに反して、盲目的な無秩序な経済的悪組織がいかに社会を混乱と窮乏と飢餓に陥らしめるかは、われらは目撃しかつ身をもって体験した。

支那事変[*10]以来、ドイツのまねをした下手な統制会社は、一種の独占的トラスト組織に他ならなかった。それはいわれたごとき国家社会主義でもなければ、国家資本主義でもなかった。最も悪質な資本主義を、国家が公然と認めたことに他ならなかった。

そのために都市における協同組合の一翼である消費組合は、解散を命ぜられ全滅し、闇取引は行われ、闇賃銀を助成し、数十万人の経済犯を故意に現出せしめた。なお悪いことは、闇を行う中心は陸軍海軍とさえなってしまった。

独占事業を、国家が公認したため、商人が官僚化して悪徳を行い、配給品の上前をはね、それを闇に流し、莫大な富を蓄積した。

闇をすることをせず、闇買いをしない正直な人々は栄養失調になり餓え、生きてゆかれぬという矛盾極まる現象を生み、大衆はついに買出部隊《かいだし》となってちまたに、農村に、漁村に溢れるに至った。

昭和二十年十一月三日、四日両日、東京から千葉・埼玉方面に、約百万人の買出部隊《かいだし》が押し寄せたと新聞紙は報じた。

これを全国的に判断すれば、この両日に一千万人以上の者が、買出《かいだし》に出たと想像される。この恐るべく驚くべき数に上る一千万人の買出部隊《かいだし》を是認せねばならぬ法律は、何という無力な法律であろう。

このため全国のいかなる列車も、電車も、バスも、買出部隊《かいだし》のために超満員となり占領され、そのため食料品の計画輸送は不可能となり、農民に対する都会人の反感は深まり、インフレの増進となり、暴動の徴候さえ各地に現れるに至った。何という悲しいありさまであろう。

かかる現象を呈するに至った理由は何か。これは全く協同組合を組織しないためである。

英国はどうであったか。英国は、生産消費組合のみを中心にして適正配給をしている国であるから戦争になったからと言って狼狽《ろうばい》しなかった。すなわち日本のように配給機構をいじり回す必要がなかったのである。

あれほど、困った戦時中といえど英国ではパンの価格は大きい変動を見ず配給出来たし、闇もなかったということは、全く生産消費組合の行き渡っており、それを中心にしその方法をとったおかげだと思う。

満州事変の際にも、満鉄消費組合が、日本人のために果たした配給機構は、全く英国生産消費組合の使命と同一であった。日本の農村においても、この戦争初期には、満州事変の初期の満鉄消費組合と同じ役割を果したのであった。

第一次世界大戦の起こった時、交戦諸国の協同組合は、当然衰微するであろうと予想された。組合員や職員の応召、物資の窮乏、物価の暴騰等、特に消費組合の性能にとって大打撃であるはずであった。しかるに、実際はそれと反対な現象を呈し、戦争が長引くにつれて協同組合はますます伸長し発展した。そして米国の有名な消費組合学者ソニクセン[*11]が「これはひとり協同組合運動の敵を驚倒せしめたばかりでなく、味方にとっても実に意外であった」と述懐したくらいであった。

これをもって見ても、協同組合運動がいかなる恐慌をも突破、克服することを知ることが出来る。

闇の生ずる原因は、買い手と売り手の間に距離があるから起こるのである。買い手が売り手であるという意識が強くなりさえすれば、決して闇は起こらない。日本の農民が、このことをよくわきまえ知り、奮起してくれて都市の消費組合を理解し心から共鳴して手を握ってくれれば、食糧暴動は起こらずにすむ。従って供出など円滑にゆき進んで果たしてくれると思う。

今度は都会人に、協同組合意識が、はっきりしておれば、農民が肥料を買い、農具を買いに来た場合、米を持ってこなければ売らないなどということはないはずである。

「衣食足って礼節を知る」というが、食糧問題で狂奔するあまり、仕事も何も手につかず、文化も片隅へ押しやられ礼節も何もあったものでなくなる。そして他人は踏んでも蹴っても、どうなっても自分さえよければよいという浅ましい非人間性を暴露してはばからなくなるのである。

越後の海岸には、「親しらず子しらず」という恐ろしい険所があるが、実に深刻な食糧欠乏は、生きながらの地獄相を現出するのである。

要するに協同組合意識を持たないことが、今日のごとき悲しむべき状態を生み出しているのである。

七、協同組合はいかなるものをもたらすか

協同組合を組織すれば、いかなることになるか。

(一) 闇の起こるという隙がなくなる。

(二) 適正価格によって公正価格を決定することが出来る。

(三) 買い出しをする必要がなくなる。

（四）労力が省けて、余裕余力を生ずる。
（五）計画輸送が十分出来る。
（六）従って計画生産が出来る。
（七）不足だけ生産することが出来る。
（八）計画的配給が容易に出来る。
（九）親切に配給することが出来る。（不親切な配給のことを思え）
（一〇）横流しに対する不安心配がなくなる。（この安心感はいかに好ましいか）
（一一）独占的資本主義の搾取が無くなる。
（一二）都会人と農村人の間に調和が出来、互いに仲よく助け合う美しい精神を実現する。
（一三）暴動の恐れがなくなる。
（一四）行列買いなどする必要はない。
（一五）買出や、行列買いなどで浪費する時間がはぶけ、そのため健康を害するなどのことがなくなる。
（一六）消費者が自ら生産することが出来るので、消費者の権利が認められる。

（一七）　都市の消費者が、直接開墾事業に投資出来る。
（一八）　食糧増産のために巨額の投資が出来る。
（一九）　各種食糧の加工を消費者自らが出来る。
（二〇）　生産消費組合によって、国民的大企業組織が可能になる。
（二一）　失業恐慌のおそれが無くなる。
これらのことを始めとして、その他幾多の佳花が開き、美果がみのり、鳥うたい、人もまたうたう楽民安生、万民鼓腹の理想郷を生み出すことが出来る。

八、協同組合の本質

協同組合の精神を一口にいえば助け合い組織である。生産者も、消費者も愛のつながりによって公正な、自由な幸福を分かち合う経済生活をいう。さら宗教的に、キリスト教でいう兄弟愛意識の発展としての協同組合をみることが出来る。

経済生活体における最高度にして最善の合理性を持ち、科学性に富み、かつ芸術的、宗教的経済組織であるといえるのである。

協同組合の歴史は、普通十九世紀中葉に英国のロッチデールという町に発展祥したといわれる。しかし協同組合の七部門である生産組合・販売組合・信用組合・保険組合・利用組合・共済組合の中のどれか一つに属する組織は、無意識、半意識的に各民族の中に昔から存在したということが言えるのである。

英国における相互保険の主要な代表的組合は、友愛協会《フレンドリー・ソサエティ》である。その起源ついては、三、四の学者から「古代にその足跡を残している」と考えられている。すなわち近世に発達した組織もその始源は古くから伝えられてきたものである。

キリスト教の歴史において特筆大書すべきことは、兄弟愛の発展であった。

九、初代キリスト教徒の兄弟愛的経済生活

初代キリスト教信者たちの美しい兄弟愛的経済生活の記録は、聖書の中に崇高偉大な音楽のごとく永遠に鳴りひびいている。

使徒行伝第二章、同第四章、またパウロの書簡に現れた兄弟愛については、私がここに述べるまでもない。ヨハネ第一・第二・第三の書に現れたあの美しい兄弟愛の発露は、国際的に人種を超え、文化言語を超えて互いに愛し合う美しき宗教的兄弟愛実行の一例である。

ユーセビウスの『教会史』を読んでも、紀元一世紀における兄弟愛のことを美しく記述している。

アレキサンドリアの兄弟たちが、想像も及ぼない力をもって貧しき者をいたわった物語、あるいはアガペー（愛餐《あいさん》）が失業救済・協同給食を意味していたことも述べられている。

またテラペウタイが、一種の共産生活をしていたこと、彼らの群れが平和主義を尊重し、戦争を拒否したことなど、いかに初代のキリスト者が愛の生活を実行したかをよくつたえている。

このころの兄弟愛は、主として救貧事業を中心として行われたものと見える。ヨーロッパにおける最初の病院も、貧民救済所も、キリスト信徒が初めて手をつけたものであると歴史は告げている。

こうした運動は、迫害を経て一層内部的に結束した。迫害の終わった第四世紀には、兄弟愛は、さらに社会愛として教会外にまで拡充さるるに到った。

フランスの聖者マルチン（四世紀）、アイルランドの聖者パトリック*[12]のごとき皆兄弟愛の実行者であるとともに、社会愛の実現者としてフランスおよびアイルランドの建国者となった。

紀元五世紀の末葉に、ベネディクト*[13]が、イタリアに現れて、これに初めて祈祷と愛と労働の三つが打って一丸となり、僧院生活において調和し、職業が神聖化され、職業補導がなされた。

ここに注意すべきことは、このベネディクトの修道者は、専門の僧侶ではなく平信徒であったことである。

カトリック教会の四大教団、ベネディクト*[14]・ベルナルド*[15]・フランシスコ*[16]・イエズス会*[17]の中で、専門僧侶の中心となったものは、イエズス会のみである。

ベネディクトは、実生活を修道生活へ織り込んだもので、今日でいうならば一種の農村セツルメント（隣保事業）のような形をとったと考えられる。

この驚くべき教団は、欧州の農業文化を六百年間（五世紀から十一世紀の六世紀間）指導したと考えてよいと思う。

彼らは、平信徒の時の職業をそのまま僧院において生かし報酬を望まず他人にこれを教えた。今日、世界で一番美しい聖画として残っているフィレンツェ市のサン・マルコ寺院の壁画は、ベネディクト派の修道僧であったフラ・アンジェリコ*18が描いたものである。その画面全体に溢れる清高雅美、澄徹して一点の濁りもない純麗な画風をみると、ベネディクト修道院がいかなる精神で勤労に献身していたかがはっきりわかるような気がする。

十、寺院建築に現れた信愛的調和美

このベネディクトの精神に、十三世紀のあのうるわしいフランシスコ会の兄弟愛の精神が加わったのがゴシック文明である。

ベネディクト修道院を基礎として商人ギルド（組合）が生まれ、職業ギルドが生まれ、このギルド（組合）が宗教的な工人を組織化し、あの優れたゴシック建築を完成した。

フランスのパリにあるノートルダム・ド・パリ寺院を見てもわかる。

正面にある二つの塔は遠くから見ると、全く均等している。近く寄ってその彫刻物の一つ一つを見ると、一つとして相等しい物はない。工匠人が、自己の創作力を自由に発揮したものである。

この表現の中に、創作する喜び、労働の神聖、宗教的敬虔《けいけん》の熱情が躍り溢れている。

そこにゴシック精神の優秀さがあった。

さらに自己と他とをつなぐ善意的な連係があった。工匠と他工匠の関係、石工と金工、建具工と木工、ガラス工と彫刻工の間に完全な友愛的調和があった。かつ、彼らの間に共済制度が発達し、大寺院の建築の上にも目に見えぬが彼らの愛の精神的な親石が基礎づけられているのを見ることはまことにうらやましいことである。

十一、協同生活の兄弟団

文芸復興は、新約聖書を民衆の手に取り戻した。それと共に聖書中心の宗教運動が起こった。修道院内の兄弟愛を社会全体に推し広めんとする、書斎から街頭への大運動であった。それがウィクリフ[*19]の運動であり、ジョン・フス[*20]、サボナローラ[*21]の運動であった。またかのドイツのアナバプテストの運動である。

このアナバプテスト運動の起こる前に、世にも美しい「協同生活の兄弟団」という教育的共産団体が現れた。この兄弟団へ加入せんとする者は、初め一年間候補者として入会、後に正会員として教育に一生をささげる。終生独身生活を守り、報酬を無視して貧しき村の教育に従事する。その生活は、協同生産によって保証せられ、兄弟団内部では宗教的協同主義を実行したものと見える。

その兄弟団から、有名な『キリストの模倣』の著者トマス・ア・ケンピス[*22]が出た。『キリストの模倣』は、彼の属した「協同生活の兄弟団」の経済組織を直接にはわれわれに報告してくれないが、彼の著書に現れているような生活態度で経済生活を送れば、最も美しい宗教的協同生活が出来ることを明示していてくれると思う。

またこの団体に属する一人から万国公法の学者エラスムス[*23]が生まれたことも記憶せねばならぬ。すなわち彼らはみなサンタクロースのような生活を毎日送ったものと思う。

私は、このことを想像することだに非常に楽しい。なぜならば十二月二十五日のかのクリスマスの前夜、全世界を駆けめぐって子どもたちにうれしいプレゼントを配るといいつたえられているサンタクロース、世界の人がそのサンタクロースのおじいさんのような与える心、他人のために苦労する精神に毎日なり、キリストが地上に受肉された愛の精神を実行すれば、胸躍るクリスマスの喜びの日が年中送れるわけである。

これは、私の理想であるが、理想にとどまらず、こうしたサンタクロースのような愛の奉仕に充ちた人々による愛の社会が実現することを信ずる者である。

この協同組合運動は、かくのごとき隣人愛の社会の実現を目的とするもので物質を第一位とせず人格を第一位とし、利益を中心とせずして相愛互助を中心とする。その目的は、搾取を離れた統制経済にあって、キリストの教示したもうた「山上の垂訓」の精神と全く相一致している。しかも、組合運動は、徹底的に暴力を排除し、真理をして自ら勝利を得しめる比類なき方法である。一見非常に薄弱に見えるけれど、この協同組合運動は、実に根強い底力を持っている。われらはあくまでこの真理を死守して、決して再びふるき時代の誤謬《ごびゅう》や過失を繰り返す愚を犯してはならない。

十二、協同組合運動の芽生え

われらはここで協同組合（Co-operative Society）の歴史をたどってみたい。

この協同組合（Co-operative Society）を、満州および支那では、「合作社」と称している。この協同組合運動を思い付いたのは、英国のロバート・オーエン*24が最初であった。オーエンは一八二四年頃から協同組合という言葉を使っていた。しかし残念なことには、ロバート・オーエンはこれを単に社会科学とのみ考えて、宗教意識の上に基礎づけられた、経済運動とすることが出来なかった。

そのため、作った組合も、利益を社会的に使用することをせず、投資した資本に応じて分配することにしたので、せっかく立派な組織運動を起こしたにもかかわらず、実際的運営においては、不成功に終わった。

一九世紀中葉、英国に、よき協同組合の発芽を見ることが出来た。

これが協同組合の歴史の初頁に輝かしき記録をとどめたロッチデールの兄弟たちの協同組合運動である。

十三、ロッチデールの協同組合運動

今から約百年前一八四四年十二月二十二日、英国のマンチェスター市の東北十四マイルの地点にある織物工業の盛んなロッチデール（Rochdale）の丘の中腹に、二十八人の織物職工たちが一ポンドずつ出し合って小さい組合を組織した。

そして（一）利益払い戻し、（二）持分の制限、（三）出資額の多少によらず、一人一票の投票権ということを三原則として実行した。これが有名なロッチデール式組合運動の起源であり、万国消費組合の範例となり、根本原則となった。

その最も新しい点は、分配制度のうえに立ったことで、これは古今未曾有の大発見と言わねばならない。

その少数者によって創《はじ》められた運動が口火となって、資本主義を是正する大いなる結果を生んだことは驚くべき事実といわねばならない。

ロッチデール・ユニオン（組合）では、そのもうけた利益を案分比例で払い戻す、この分配制度の確立によって欧州は漸次救われるに至ったのである。

この真摯《しんし》なる職工たちによって始められたロッチデール式の、独占権の打破と利益を消費高に応じて払い戻すという方法は、「富を搾取しないことと、集中させないこと」において根本的な原理を持っている。

そして合言葉として「来れ、助けよ、投票せよ、批判せよ、働け」ということを勧めあった。

ロッチデールの協同組合運動は、マリウス、キングズレー等のキリスト教社会主義の支持を受けた。

そして英国における消費組合運動は、驚くべき長足の進歩を遂げたのである。

ドイツにおいては、シュルツェ・デリッチ氏[*25]が、ロッチデールの原則を都市信用組合に応用した。今から約八十年前の一八六九年に至って、ヘーデスブルグのフレデリック・フォン・ライファイゼン[*26]がロッチデール原則を改良して、農村信用組合に応用した。

ライファイゼンは熱心なキリスト信者であった。彼は、極貧の田舎の家庭の戸々に保険を持ち込むという困難な仕事を遂行したのである。そして小農の生活を鞏固《きょうこ》にし、各種の危険は保険で補償され安心して生業に就かしめたのである。彼は金融によって得た利益を、組合員中の最も貧しき者に生業資金として無利子で貸し与えるようにした。かくのごとく組合を通しての防貧および救貧事業が著しく発達するようになった。その後デンマークに伝わってかの国を疲弊のどん底から救い、フィンランド・フランスその他欧州諸国も消費組合をつくるようになった。

十四、日本における協同組合の歴史

わが国においては古来、無尽《むじん》・頼母子講《たのもしこう》といったような極めて通俗的な意識ではあるが、一種の共済組合的制度が民間に行われていた。

また、地割制度《じわりせいど》と称する一種の土地利用組合も存在した。これは、洪水で苦しんだ地方、例えば越後長岡《ながおか》のごとき、何年目に一回恐ろしい洪水の災害をうけて、耕地を全部失ってしまう農民がある。かかる場合、農民は団体を組んで、その土地の土砂礫を除き、地面を分割して相互補助の制度を設け、労力出資による耕地回復を実行した。この地割制度は、水災に苦しむ農村を救済するまこと優れた方法である。

また福岡県宗像《むなかた》郡[*27]地方には、徳川時代から続いた一種の医療組合制度ともいうべきものが残っている。

明治十一年の頃に、成島柳北《なるしまりゅうほく》[*28]等の発起で、東都両国《りょうごく》方面に共済会というものが作られた。

これは今日の一種の共済組合である。下って明治三十一年に片山潜《かたやません》[*29]の編集した『労働世界』の影響をうけて東京砲兵工廠《こうしょう》の職工中の有志が協力して共働の売店を開いた。これも一種の消費組合と見るべきであろう。

かく考えるとわが国にも、昔からある形の協同組合がないわけではなかった。しかし高遠な理想をもち、美しい互恵共助の実践によって資本主義的搾取に対して敢然と戦うだけの大きな勢力としての協同組合は存在しなかった。

日本における協同組合運動は一九〇〇年（明治三十三年）、内務大臣平田《ひらた》東助《とうすけ》氏[*30]がドイツの都市信用組合であるシュルツェ式のものを移植した時から始まる。しかし当時、国民はほとんど協同組合運動がいかなるものであるかということを十分理解しないで運動の方から始めた。最初の年は十六作ったが、ほとんどすべてが信用組合であった。

数年後、消費組合運動にも手を付けたが、経営運用の原理を理解しなかったために、ほとんど大半の消費組合が一時《いっとき》につぶれてしまった。

一九一九年、労働階級の間に、物価の高騰に苦しむ者が多くなったので、無産階級の間に消費組合運動が始まった。

無産階級の組合運動が始まると共に、政府が作らしめた協同組合運動も新しい力を得、一九三五年の四月には、一万四千六百の組合が出来、五百二十万人の組合員を有するようになった。信用組合だけでも十八億円に近い資本金を持つようになった。一九三九年には、組合員数六百五十万を数え、一万二千ある農村において、未組織のものはわずか二十四を残すのみとなった。

かつ、協同組合の仕事としては、利用・販売・購買・信用の四種事業を兼営するようになった。

十五、伏見十六会に学ぶ

協同組合運動が、いかに個人の福祉を増進し、家庭を幸福化するのみでなく、一村一町一市、さらにひろく国全体を富強にするかということは幾多の証拠がある。

その中で京都府下伏見《ふしみ》町の伏見十六会の始めた信用組合のことを学びたいと思う。

また、これはたった一人であっても善き意識に目覚めたら周囲に、市町村全体にいかに深大な感化を及ぼして社会を改造することが出来るかということを雄弁に物語るものである。

日清戦争当時、京都府伏見町では、倒産する者が相次いだ。

当時（明治二十七年頃）日本には、まだ産業組合法が出来ていなかった。

伏見町に、人見喜三郎《ひとみきさぶろう》というキリスト信者があった。人見氏は、この世相を凝視して坐するに忍びず、敢然と立ち上がった。初め八人の同志が糾合し、後に倍の十六人になり、ここで十六会という名の組合を組織したのである。

この十六人の人々は、一日二銭ずつ貯蓄して、伏見町に寄付することを約束した。その清き精神に感動して十六人が三十二人となり、千人となり、一万人を越ゆるに至った。

明治三十三年、産業組合法が発布せられると共に、下地が萌《も》えていたので直ちに伏見信用組合は十六会を基礎として成立した。

十六会は、その利益をもって伏見町の教育に貢献した。伏見菊水高等女学校と、伏見商業学校を創立した。

伏見高等小学校を卒業して、上級の学校へ行きたくても、学費のないものには、大学を出るまで学資金を貸し出すことを十六会の目的の一つとして加えた。

この美しい精神が、伏見町を救って幾多のよき人物を輩出せしめた。代議士水谷《みずたに》長三郎《ちょうざぶろう》氏[*31]のごときは、この十六会の生んだ人物の一人であるということである。

私は、協同組合運動は、こうした隣保愛・互助相愛の精神的基礎を持たねばならぬと思う。この隣人を愛する精神が組織を生かし、組織はいよいよ強大になって団結を生み、あらゆる理想の実現となってゆくのである。

伏見十六会が教育方面に大きい貢献をなしたが、さらに押し進めるなら生活各般の住宅・栄養・死亡率減退・保健衛生・文化方面等にも深大なる寄与をなすことが出来るのである。

わが国にはないが、外国にはユートピア（理想郷）文学というものがある。すなわち理想社会、理想国家のありさまを現在あるがごとくに描いたもので、読んだだけでも非常に楽しい。不如意な世に住んでおりながら、桃源仙郷に遊ぶの快はまた格別である。

互いに相愛して、働いて得た利益を公平に分配し、個人家庭社会の幸福と向上のために使い、至善の施設を拡大深化してゆき搾取なき社会を造る、すなわち夢想するが高くて手が届かぬ理想が次から次と現実となって目の前に現れる、これこそ理想の社会、理想の国家である。故に協同組合が正しく発達すれば理想郷も決して不可能ではなく、かつ遠くにあるのではないということが分かるのである。

十六、精神運動としての協同組合

協同組合は、単なる機械的な組織ではなくして精神運動であるということをまず心にとめていなくてはならない。

ある学者が協同組合は「正直の資本化」といったが、なかなか面白い味のある言葉だと思う。協同組合は精神運動であるから指導者と組合員の美徳が進めば進むほど成功する。

実に協同組合の運用は、運用する者の精神的社会意識の目覚めの程度によっていかんともなるのである。

協同組合運動は、どうしても道徳教育が徹底し、意識開発にまたなければならない。なぜならば、道徳の進んでいる国ほどこの運動が成功し、しからざる国は失敗していることが何より証拠である。

英国や米国・スカンディナビア諸国・スウェーデン・デンマーク・ノルウェー・フィンランドは成功し、インドシナ[*32]では不成功であり、ロシアも初めはよくなかったが、普通教育が行き渡り向上するにつれてよくなってきた。このことをよく心に銘じてかからねばならない。

協同組合運動の経済が、その組合員の意識内容と一致すると私の主張する点がここにあるのである。

もしその組合員が利己的であれば、利益金は全部彼ら自身に返ってゆく。

組合員に他愛共助の精神が旺であれば、その利益は組合の決議によって全部社会公共のために使用される。

しかし協同組合は、個人主義的に経営される資本主義と異なって、協同組合そのものが統制経済的に計画をもっているだけ、たとえ組合員が多少利己的になっても、自由競争の無いだけ強味を持っている。

それゆえ、善き組合は、利己的な組合員を制圧して実質的に良い方へ向かわしめる傾向を探るのである。それで贖罪《しょくざい》愛的宗教意識が、それを組織する組合員と、それを指導する組合の理事の間に多くあればあるほど、その比率に従って、組合は完全なる社会性を発揮する。そこに精神的兄弟愛意識と新しい協同組合意識が、実に緊密なる関係を持っていることがわかる。

自分の一人の力は弱いかもしれぬが、十人・百人・千人の力を集めてここに一つの新しい強大な力を持とうというのである。協同組合とはこの協同の団結力である。市・町・村、さらに広く言って国を救うために一に協同同組合、二にも協同組合、三にも協同組合という信念でゆかねばならない。しかし幾度も繰りかえすようであるが協同組合は単なる金もうけの団体ではないということを銘記しておかねばならない。ただ金もうけのために結ばれたものならば、損をすれば直ちにつぶれてしまう。喜んで人のために損をする覚悟がなければ、自分の村・町・市・土地を守れるものではない。喜んで損をするものがある。それがわれわれの血である。傷があるとそこへグッとしたがってきてくれる。腫物《はれもの》が出来ると血が飛んできて自分は犠牲になって死んでくれる。そうした血のような役目をしてくれるものがあるから身体は安全に保っていられる。協同組合の精神は、その血の精神でゆかなければならない。皆が皆この血になって自分の土地を救わなければならない。そしてあくまでも誘惑に勝って協同組合の金はびた一文も私腹には使わぬという崇高な気持ちをもちつづけなければならない。私が長い間、かつ終始協同組合は精神運動であると主張しつづけているゆえんがここにあるのである。

十七、生産の芸術化と消費の文化的意義

人間は、食うために生きているのか、生きているために食うのか。人間の存在が、ただ飢餓と要求ということにおいてのみ、生産と消費とが需要と供給の理《ことわり》によってのみ解釈せられるならば人間の経済生活は色沢《しきたく》も味もない落莫《らくばく》たるものである。

生産を、生産のために生産すると言う盲目的の生産から一点して、需要に対して生産者の活動が開始される時に、人間生命の幸福と完成のために、必然的に功利的一面と共に、芸術的精神をもってこれを生産するならばそこに生産の芸術化があり、生産品に美と味わいを加えることになるのである。

従って消費ということもまた芸術的意義を有し、かつ文化的意義を生ずるのである。

生産といい、消費というが、今日物質的とのみ考えられている多くの商品も、実は何らかの文化的の意義を持っておるのである。

餅を焼いて食うということでも、菓子を食うということにしても、それは文化的の意義を持

たぬことはないのである。ただ餅を食うといえば純然たる生理科学的に聞こえるが、正月の祝いに餅をつく。餅は必ずしも必要品ではない。それを焼いて食うことは一つの趣味である。菓子にしても、東京名物だった風月堂《ふうげつどう》の西洋菓子、神戸亀井堂《かめいどう》の瓦煎餅も、それは生理科学的範囲を乗り越しているのである。

初めは手織りのものを着たが、今では機械で手織り以上の文化的の織物が織れる。電気灯がともり、燭光《しょっこう》が増し、能率が上がる。人間は着るにも食うにも十分なはずであるのに、途中で何ものかが略取するために、世界はまだ十分ではない。

しかし、十分でない中にも、世界は段々芸術的になり、心理的に消費的要求を高めている。労働を愛し、労働者を尊敬する社会には労働者の品性教養は向上し、生産は芸術化し、消費の文化意義は、ますます増大するのである。

賃金のために働くのでなくして、労働することが歓喜《よろこ》びであるということを、経済生活の中へ取り入れるには協同組合の形体をもって労働する人々を解放するほかに道はないのである。従って生産そのものに対する喜悦が生ずるのである。

労働を愛し、生産に喜びを感じつつ従事し、そのことが芸術的創造力の活動となり、かつ文化的意義をもたらし、真理の目的性を結果するという経済生活こそ生きがいのある最善の生活というべきである。

十八、協同組合における七種組合

一口に協同組合と総称するが、協同組合には七種類、七種組合が要るのである。すなわち協同組合を完成せしめようとすれば次に述べるような七つの機関が必要である。これは経済機構の必然からである。生産者は、総人口の四分の一とされている。それに対して消費者は百%全部の人が口をもっている。生産者も消費者であるからである。その間に金融組織がある。これは空間の関係である。その上に時間的に発展するものがある。物品取引所が生まれる。三品市場[*33]のごときもの、株式取引所が生まれる。株式会社の株式取引所が発達する。かくして銀行取引所が生まれる。ここへ約束手形が回ってくる。全然一つの倫理的な意識的な手形が発行される。その上に信用組織が乗る。その信用組織の上に為替相場が変動する。これは、時間の上に関係がある。今日の経済は、空間経済から時間経済に移行しつつある。すなわちますます心理的に、単なる物的な経済ではなく主観的な、そして意識的な繊細巧緻な経済になってきている。

これから三ヶ月先、半年先どうなるかという先物取引が生まれる。

この先物取引が生まれる時代になると、生産者には、（一）生産組合、消費者には（二）消費組合、金融には（三）信用組合、消費者と生産者をつなぐ（四）販売組合、組合の助け合い、利用厚生方面の（五）共済組合、将来に対する保証を約束する（六）保険組合、その上に種々なものを利用する（七）利用組合のこの七種組合が必然的に生まれる。表にすると

協同組合

（一）　生産組合（生産者を主体として）

（二）　消費組合（消費者を主体として）

（三）　信用組合（金融のために）

（四）　販売組合（消費者と生産者の連携として）

（五）　共済組合（利用厚生のため、共助互恵機関）
（六）　保険組合（組合員の将来に対する保証）
（七）　利用組合（各種の利用のために）

この協同組合の七種組合を、人体に比して考えてみるとよく分かる。筋肉は生産組合である。消化器は消費組合、血行は金融等を司る信用組合である。呼吸は交換等を掌握する販売組合であり、泌尿器は共済組合である。また骨格は、全身を支えている保険組合、神経系統は権利を運用する利用組合に当たる。こう考えてくると人体の機能の一つを欠いてもならぬようにこの七種組合が身体のそれのごとくよく結合統治されるとそこに健正な大活動が生まれるのである。

そして、これが社会的協同体の道徳的結合とならなければならぬ。

十九、生産組合

第一に生産組合について述べよう。生産組合は、土地生産組合と、工場生産組合の二つに分類する。

日本には、前述したごとく昔から一種の土地生産組合と称すべき「地割制度」があった。これは周期的に襲ってくる洪水で田畑を荒らされる地方に存在する制度で、この地方においてはどうしてもこの地割制度という土地生産組合の方法をとらねば耕作が不可能である。

洪水があると、一年目には土地の三分の一を整理し、村全体の戸数に応じて平等に割り付け、収穫の少ない者には、収穫の多い者が持って行ってやるという方法をとった。第二年目には荒廃地の三分一を回復し、第三年目には、残りの三分の一を耕して全部失地を回復するという方法である。すると六年目か十二年目かに、また大洪水が来て田畑は再び土砂をかぶってしまう。そうすると前と同じように協同の勤労をもって耕拓し直すのである。

また干ばつの場合にも、この方法を応用している地方がある。これは全村に水が不足した場合三分の一だけをかんがいし、そのかんがいした三分の一の土地に出来た生産物を全村民が平等に分配するのである。

この方法は農村ばかりでなく、漁村においても応用されている。

ジョン・ラスキンが作ったセント・ジョージ土地ギルドは失敗した。これはラスキンが当時の経済状態を無視した方法をとったことと、消費組合と連絡を欠いたためである。彼の経験は実に尊いもので、彼の失敗を失敗と考えないで、どうしても組合精神をあくまで生かさねばならない。生産組合を生かすには、どうしても消費組合と直結して密接不離の連携を取らねばならない。

組合運動で、機械生産方面で成功したのは、絹糸の生産組合であった。農村の大抵の工場がつぶれたにもかかわらず、組合製糸といわれたものは強力に維持された。これは全く驚くべきことで団体の団結力は、至難とされる恐慌をも完全に切り抜け得るということが証明された。

静岡県焼津《やいづ》の漁民生業組合は、一万人に近い漁民を中心に組織され、最もよい成績をあげた。この組合では、汽船をもち、工場をもち、戦争前に、年々六百万円位の生産高をあげていた。

二十、消費組合

第二は、消費組合である。消費組合の場合は、最も根本的で、しかも組織するのに最も困難なものである。

経済運動の根底を解剖すれば、消費経済に対する統制的組織と、非搾取的機構が完成しなければ、いくら労働組合を中心に革命があっても決して成功するものではないということを知るのである。たとえ政治的に成功しても経済的に破れる。その実例はソビエト・ロシアを見ればよく分かる。

それならば、これだけ必要な消費組合をなぜ作らないか。

それは要するに消費経済に対する一般人の意識が、まだ目覚めていないからである。労働問題に対しては、一般民衆はその必要を感じ、かつ意識的に目覚めているのに反して消費経済には、ほとんど無自覚的な盲目的行動を反復しているにすぎないからである。それについては、特に婦人に目覚めてもらわねばならない。

ここで婦人と消費組合のことに一言したい。英国の消費組合婦人のマークは、「買い物籠」の図をもって示されているのも意味深いと思う。婦人は、消費組合にとって唯一の買い手であり、最も関係深いといわねばならない。そこで協同組合運動は、ただ買い手としての婦人の力ばかりでなく、協同組合を理解し、協力し、支援し、伸長させる有力な力として婦人の参加を希望してやまない。各国の協同組合発展のかげには、婦人の力が深大な寄与をしていることを忘れてはならない。

資本主義が、極度に市場を合理化し、協同組合が虚弱な勢力では割り込むことが出来ないほど大きな力を持つようになった。それがデパートメント・ストア（百貨店）組織の勢力である。しかし協同組合運動は、営利を離れた組織組合だけに、永遠性があるが、デパートメント・ストアといえども、今日のごとき自由競争主義を基礎としてやっておれば、いつかの機会に必ず転覆するに違いない。

協同組合というこの永遠への組織運動は、意識運動の基礎の上にのみ戴せることが出来る。しかるに民衆が目覚めていないところにこの善き組織を阻止し成功せしめない困難が横たわっていることはまことに悲しむべきことであると思う。

他の組合に比較して、消費組合の経営が一番困難であるという理由は、日常必需品の全てに関係していることが一つ。物価の高低が著しく影響することも一つ。金融の力を感ずることが最も大きなことが一つ。さらに労働者やサラリーマンの間に月賦買いの習慣がついているために、消費組合のような現金制度を基調にする傾向の制度をあまり利用しないことも大きい理由である。

しかし一旦消費組合運動が始まれば、著しい早足で進歩する。ここに忘れてならぬことは、消費経済の八、九割まで婦人の領域であることと、消費組合が、あくまで生産者階級の福利増進のために経営せられねばならないということである。

そこで消費組合を作る場合には、断固これをやり遂げるという勇気と、いかなるものが来てもくじけぬ強い意志が必要である。

日本では町を歩くとほとんど店屋であるが、デンマークの町はそんなことはない。日本のように無駄な商売人を置かないからである。ハスラウは人口二千人に店舗はたった一軒しかない。その一軒の店舗が消費組合である。それで事足りるのである。東京のように店屋が多いと従って物価も高くなる。戦前で原価の三倍位とっていた。第二次世界戦争前英国では組合員が四百五十万人で、宣伝費四百万円使って十六億五千万円売上高があった。

消費組合は、無秩序な産業世界を組織化してゆこうというのである。ゆえに経営者も組合員の幸福のためという親切な気持ちを常に持つと共に、組合員も組合を支え護るためには犠牲を惜しまないという覚悟をもたなければならない。

繰り返すようであるが、利潤があった場合、これを組合の利益にのみ使わずに、ぜひ、社会公共のために捧げるようにありたいものである。要するに精神的兄弟愛の価値意識が、利益分配の標準を決定するのである。かのロッチデールのわずか二十八人の先駆者たちの運動が、今日の世界の協同組合運動を巻き起こしたことを思えば、われらは大いなる確信をもつてこの建設に、目的に突き進まねばならない。

二十一、信用組合

第三には、信用組合についてである。

国家の信用というものは、国家を組織する国民の七つの経済的価値運動の組織化に伏在している。すなわち（一）国民の生活力、（二）国民の労働力、（三）国民の市場確保力、（四）国民勢力の増進力、（五）国民の能率、（六）国家の秩序、（七）国民の文化程度と消費力等の合成された社会勢力そのものが、すなわち金融力そのものになるのである。金貨のごときは全くその社会勢力の表象にしか過ぎない。

信用組合は、この国家の金融信用組織の上に立てられる。

信用組合の中で、最も理想に近いのは、ドイツにあったライファイゼン式信用組合であった。この信用組合は、防貧・救貧の二つを兼ね、資本の集中を防止し、資本の個人的集積を無くする運動としては最もキリスト教的である。

日本のような貧乏な国においても、太平洋戦争前約十八億円、今日では約五百億の金が信用組合の手に集まっていることを考えてみても誠に面白い現象であるといわねばならない。

信用組合は、ぜひ各種保険組合とよく連絡をする必要がある。殊に生命保険とは、絶対的の連なりを保ち、生命保険による死ぬまでの定期預金を農村および商工業者の生業資金（特に各種組合事業の資金として）流通せしめる必要がある。

今日の金融組織の欠点は、金融組織をあまりに重視し過ぎる傾向にある。私は金融組織とは要するに社会勢力の流通性に外ならないと考えている。金融制度はそれを表象するものにしかすぎない。かの社会信用制度を唱導したドグラス少佐が、その表象的金融組織を社会勢力以上に過重視して、金融の社会化だけを図れば、無産階級を解放し得ると考えたのは大きな間違いである。米国のメクレンベルグ氏のごとき一万五千人の失業者を、たった二百五十万ドルの流通為替券で、四年間にわたって支え得たというのは、流通為替（ドグラス氏に言わせれば金券）がそうさせたのではなく、ギルド組合組織そのものがそうさせたのである。

別の言葉でいえば、メクレンベルグ氏は宗教的兄弟愛の意識を実行して、失業者を生産組合と消費組合と販売組合と信用組合に組織立て、その上で金券を発行したから、わずか二百五十万ドルで彼らを救い得たのである。

すなわち協同組合組織が先行して、金融組織が後からついていったおかげである。

組織のないところには完全なる金融は行わない。そこには物々交換しか行わない。金貨や銀貨は、一種の物々交換で、紙幣や為替の流通する世界は、やや組織立った世界である。デンマークのように協同組合が国民経済化すれば、紙幣などは要らない。伝票が完全に紙幣の代表をするのである。

ここまで信用組織が発達した場合、協同組合中央会、国家の保証を得て、ドグラス式金券を発行すれば、ほとんど大きい故障は、起こらないであろう。

その場合でもドグラス式金券は、やはり社会的負債として残ることは、責任ある協同組合ならば誰でも理解するであろう。

社会的負債を恐れる者は、公債の発行を恐れると同様に、ドグラス式金券を恐れるであろう。中央政府の紙幣でも限度を超えて多く発行すれば、物価に一大変動を起こすことは誰でも知るところである。

この変動を救うものは結局、協同組合である。故に巡り巡って考えても、協同組合的な信用制度のほか、真に理想的な金融制度を確立することは出来ない。

共産主義者は、資本主義を破壊する一手段として、貨幣の破壊を希望しているが、貨幣の破壊は、信用組合制度を中心として各種協同組合を完成するほか方法はない。

デンマークは、伝票をもって小切手に代え、その小切手が協同組合中央金庫に回っていき、そこにおいて、組合員の生産した金額が預金として中央金庫に記載されている数字の中から、その伝票の金額だけ除去し、その残りを帳簿に記入して、数ヶ月目に一回ずつその組合員に通知する仕組で完全な金融の組織が行われている。こうなれば、銀行為替の組織も要らず、郵便小為替の制度も全く不必要である。

しかし、こうした完全な伝票式金融制度は、協同組合を離れては、絶対に確立しない。そして協同組合が完全なる統制経済と絶対的非搾取制度の上に基礎づけられておればこそ、運用が円滑にいくのである。

その上に、この非搾取制度と統制経済組織が、デンマークのルーテル教会の信仰の上に乗っかっておればこそ、よく実施されているのであると私は見ている。もし仮りに、一組合員が共同の幸福を裏切って伝票に他人の名を署名するとか、金額をちょっとごまかすとかすれば、この伝票金融はたちまち破壊され、混沌たる状態を呈して再び銀行手形に逆戻りをしてしまうであろう。これを考えると、貨幣の破壊は、宗教的信念を基礎とする協同組合の確立によって始めて可能になるのである。

二十二、販売組合

生産組合が、消費組合と直接に連絡することが出来るならば、販売組合を作る必要はない。しかし、消費系統が明瞭でない場合は、どうしても販売組合を作って大都市の消費階級と関係を結ばねばならない。これは米国においても、第一次世界大戦前から発達したものである。小麦・青物・牛乳等においては欧米諸国の農民間にこの組織はよく普及されている。

それで私は詳しくこのことについては述べない。販売組合を作っている農民の方が、作っていない農民より、景気のよい時には収入が多く、不景気の時の損害をも免かれるので、結局、販売組合を作った方が全体から見れば大きな利益である。農業会は戦争中この使命を果たした。

このことは、一九三五年頃の組合のない豪州の農民と、組合を持っていたニュージーランドの農民を比較すればよく分かる。

しかし、販売組合を組織する農民が、ただ営利を中心として社会改造の大理想ということを考えず、一歩進んで信用組合・社会保険組合・消費組合・共済組合等まで手を伸ばそうとする勇気を欠いているために、今日まで世間からよく思われていないことは、誠に残念至極であると思う。

そこで、販売組合は、単独組合としないで、七種組合の一つとして組織すべきであると思う。販売組合が発達してくると、当然小売商店が没落する。そこで小売業者を商業組合にまとめて、販売組合化する用意が必要である。

このことは、少し技巧を用いさえすれば容易になし得ることだと私は思っている。デンマークでは、二十二万戸の農民が、第二次世界戦前八億三千万円の貿易を自分でやっていた。それでなければ、利益は農村へかえってこない。

農村に、生産・信用・利用・販売・共済の五組合が、がっちり組織されておれば、他の勢力の入る余地がない。

二十三、共済組合

共済組合とも称すべき互助制度は、最も古くから原始人の間にすら発達したものである。

キリスト教が、欧州に入って現れた組合の中において、葬式組合などが、最も古く存在したところを見ると、病人を看護する組合もあったように思われる。

初代教会には、共済的精神が、旺盛であった。紀元十世紀頃の暗黒時代においてすら、犠牲的なキリスト信徒が、数千人団体を組んで他人の町村にまで行って河に橋を架けて回ったという奉仕的な架橋組合があったということを歴史は教える。

また旅行者の便宜を図るために工人ギルドの間に、各種の共済制度のあったことも意味深いことである。

中国においては「会《ホイ》」と称するものが、いつごろ始まったか分からないほど、昔からつづいている。これは、互助組合的な性質を持ったものである。この「会」が日本に伝わって、宗教的頼母子講《たのもしこう》となった。一九四一年（昭和十六年）頃の調査によると、日本全国の農村において、約四十億円の頼母子の契約高があり、その内八億円は商業的に行われているものである。

寺院の建築、学校の建築、堤防、かんがい用水路等の公共的なものも、日本の農村においては共済組合的に毎日幾らか、あるいは十日目に幾らか拠出して、その精神を発揮している。

それゆえ、日本の農村においては協同組合運動、と真っ向からいうと難しく考えてしまって、農村の人々には理解出来ないが、頼母子講、あるいは無尽《むじん》頼母子というと、誰にも分かって直ちに賛成しない者はないぐらいである。

人口十五万ぐらいの和歌山市のごときは、敗戦前約一万五千人の戸主が三十六人宛て、頼母子講に加盟しており、その総元締が信用組合であるといったような形をとっている。

すなわち、日本における頼母子講は、英国に発達した友愛協会《フレンドリー・ソサエティ》に匹敵すべきものである。

英国における友愛協会《フレンドリー・ソサエティ》は、恐らく世界における最も有力な互助組合である。

そして今日においては、英国における庶民金融機関の一大中心機関であるということが出来る。この友愛協会の本質は共済的金融にある。すなわち、死亡・疾病・廃疾・養老・分娩・負傷等に対する共済的意味をもってこの運動が始まった。この友愛協会から今日の生命保険が発達した。国民健康保険制度までがその基礎の上に置かれるようになった。

恐らく、今日英国の国民保険組合に加盟している者の中で約半分までが友愛協会の組合員であり、また友愛協会の会計制度を、健康保険組合の会計として利用している。かくのごとく共済組合制度というものは、まことに重宝なものである。しかもこの制度は、キリスト教的信念をもって発達したものであると考えらるべきである。

日本における宗教的頼母子講が、信仰が衰えると共に商業化し、今日においてはほとんど富くじ組合に等しいような状態になっているのに比較すると、宗教的な互助意識の差がどの程度にまで共済組合に深い経済影響を持っているかを知ることが出来る。

失業者共済組合としては、米国のミネソタ州ミネアポリス市にある失業者共済ギルドが、牧師メッケンベルグ氏中心に最も美しい共済組合の一つであると思う。

日本において、失業者共済組合を最初思い付いたのは、神戸新川の貧民窟の私の伝道を永く助けてくれた武内勝[*34]氏である。

同氏は、私の勧めに応じて神戸市の不熟練労働者の間に、共済組合を組織した。

同組合は、昭和二年（一九二七年）から失業者の救済にまで発展した。実は私は、共済組合が失業者救済まで発展し得るとは気がつかなかった。

武内氏は、まず全ての失業者を登録した。仮りに千人が登録したとする。第一日目に、神戸市全体の雇い主から二百五十人の求人があるとする。その日仕事をもらった者が五銭ずつ共済組合に支払う。雇い主からも失業救済の意味で賃金のほかに一人当たり五銭宛て多く支払ってもらう。

またさらに神戸市役所は登録人員一人当たり約五銭宛て補助を与えるのである。

第二日も求人二百五十人あったとする。登録番号二百五十一人目から、第五百番までが就業する。そして残った七百五十人は全部失業する。こうして毎日二百五十人分宛ての仕事があるとすれば、四日目に一度ずつ仕事が得られるわけである。四日間の中三日仕事にありつけないで遊んでいる者は、一日に対して六十銭の失業恵与金をもらうことが出来る。

実際においては、市役所でいろいろな失業匡救《きょうきゅう》事業を始めたので、失業の率はそれより少なく、従って恵与金も多く与えられた。

私は、この失業共済保険制度を東京市に移植した。この失業共済保険制度の特徴は、一ヶ月間続いて仕事に従事した者には、何パーセントか払い戻しをして、出来るだけ失業者をしてドール・システム（Dole System）に陥らないように努力したことであった。ドール・システムというのは、昔ジュリアス・シーザーが失業保険をしたが、結局遊民怠惰の人々を作った失敗を指す。それでは何もならない。これは警戒せねばならぬ。

失業が万やむを得ないとすれば、こうした共済的保険制度は労働階級の道徳心を維持し、勤勉なる習慣を持続する上において、大げさな失業保険制度より有効であると私は考えている。

教育共済組合

教育共済組合の面白い発達については、前述の「伏見十六会に学ぶ」の中にちょっと書いた。十六会の共済組合は、信用組合をも兼ねていた。その利益金の一部で商業学校と女学校を経営し、卒業生の中優秀な者には帝国大学にまで送りその学費全部を支給していた。

たとえ、こうした方法を採り得ないでも、各種協同組合の余剰金の一部を教育保険組合の資金として残しておく。それを組合員の子弟で高等教育にまで進もうとする者に据え置き無利子の金を貸し出す。その学生が他日世に出た時、年賦なりでこれを償還する方法も出来ると思う。

私は、労働街の託児所等を全部この共済組合式方法で経営している。授業料として決定すれば、払えない者にある悲哀を与えるので、組合員の中、負担し得る最低額を定め、負担能力ある者が持ち株を多くして経営するのである。

文明が進歩すればするほど、社会成員の心理的能率に差等を生ずるから、どうしても共済組合制度を確立せねばならぬ。

失業が起こった場合でも、直ちに次の職業へ移り得る教育機関を設け、その訓練を受ける間、教育保険組合の資金を借りて勉強するようにすれば、失業は完全に免れ得る。

この種類の共済組合制度の発達は、文化が進めば進むほど一層必要であるから、各種宗教団体の大きい任務として、こうした共済運動の中心になる必要があると思う。

二十四、保険組合

第六に保険組合について述べよう。

保険は近代経済生活中での最もよく発達した部門の一つであるといわれている。意識的経済学が発達すればするほど、その経済価値行動が猛烈な活動を始める。

たとえてみれば、生命価値について昔はそう大きな経済価値運動を持たなかったが、今日では生命保険の問題のごとき、国民健康保険のごとき国民経済の内でも最も大きな近代的経済活動となってきた。

今日では、資本主義はこの領域にまで進出してきて、当然社会保険的に組織さるべきものを食い荒している形になっている。

生命保険の今日の趨勢《すうせい》を見るに、その契約高は、銀行のそれよりもさらに大きな契約高をもっている。

この未来性を帯びた心理経済的資源というものは、協同組合化せられて初めて真の本領を発揮し得るのである。今日のごとく、生命保険の経済を少数の資本家に任せて、その集中せられたる金融力を資本主義的に運用することが恐慌を生み、失業者を続出せしめる最大原因の一つとなっているのである。

生命保険は、協同組合的に組織せられ、死ぬまでの定期預金の性質を持ったその金を、組合員各自の流動資金に回すべきである。

そうすれば、信用組合は絶対恐慌に合うという心配はなくなる。

私は細かい専門的なことについてはここでは言わない。しかし、生命保険を協同組合的に経営すれば、もう一度中世紀のギルド精神にかえり、精神運動を中心にして互助友愛の精神を増すことが出来る。これは、国民健康保険組合の場合にも同じことがいえる。

国民健康保険組合というのは、国家社会主義の理論で、一八八三年にドイツのビスマルク[*35]によって始められたものであるが、うまくいかなかった。なぜならば、協同組合的な訓練を欠いたからである。

それに反して協同組合的に経営せられているデンマークのごときは比較的によくやっている。また英国におけるかの友愛協会を基礎としたものなどは成績がよい。これはフランスのカトリック共済組合を基礎にした場合においても同様である。

いずれにしても道徳的訓練を源としないものは、こうした新しい社会保険を完成することは出来ない。

日本の生命保険だけでも、生命保険会社三十一社で、数千億円の契約高を持っている。この保険を協同組合が運営して莫大《ばくだい》な資金を、衣食住のことに、また水力電気等々に活用したとしたら、社会の被る恩恵は深大で実にすばらしい事業が出来、人々を幸福にすることが出来る。

これからの経済では、ますます将来に対する時間的保険が加わらねばならない。天災に対する保険、天候に対する保険、病気にかかった場合、困らぬように健康保険が要る。日本では戦前の統計で年々一万五千人が自殺している。その中で約二割の三千人位が病気を苦にした原因から死んでいる。

もし健康保険というものを作って、平素から幾らかずつ掛けていって、いざ病気になったら日本の太平洋沿岸の療養所に行く。そして自由に安心して何年でも静養生活が出来るというふうな組織をつくっておけば、死を急がなくてもいいし、たとえ不自由な療病生活をして死ぬ人でも治るようになる。その上肺病患者は減ってくるに違いない。

ドイツは戦前には総人口の七割五分が健康保険に入っており、結核療養所だけで三万ぐらいの病床をもっていたので、結核罹病率が減ったといわれていた。

実に協同組合保険は、ひろく全世界に深い根を下ろして、三十五ヶ国に確立されており、多大の協同保険組合の活動と貢献は素晴らしいものがあり、その存在性を十分に正当視されている。

二十五、利用組合

国家社会主義の弊害は、産業組織の経営をあまりに、官僚的に取り扱うところにある。そのために、国民の中には国家の産業機関を粗末にする傾向が生ずる。それに反して、協同組合の管理に基づく利益は、地方的自然資源を完全に利用し得るところにある。

もちろん、国家社会主義的経営に基づくものであっても、地方において協同組合と連絡することは出来る。

例えば、日本の国有鉄道は運送事業をある特殊な資本家にやらせている。もし国有鉄道に地方の市民および農民を利益する志があれば、市運輸利用組合が直ちに組織し得るのである。

しかし国家社会主義というものは、資本主義とのつなぎ目がまことに悪い。それゆえ、ある特殊な産業においては、国家社会主義を利用しても、その他の社会においては資本主義的な発達を自由に許す。そこにやはり国民は搾取に甘んじなければならない。

もし水道事業・ガス事業を協同組合で管理し、経営すれば、貧乏な市の財政から高い利息を払って水道を施設したり、ガス事業を起こす理由はないのである。

今日の都市社会主義は、全く協同組合的な経営を無視しているために、どれぐらい市民に迷惑をかけているか、想像以上であると思う。

これは、交通機関の問題についても同じことが言える。東京都のごときは数億円の借款に対して高利の利息を払っている。その利息のために税金が高くなり、想像もつかないほど都民は迷惑している。もし都民に対して地方鉄道の経営等を都債を起してやらないで、組合出資金によって経営すれば、資本家に利息を吸い取られなくて済むのである。

例えば、東京都で一億円の資本金で地下鉄道を作るとすれば、一口二十円の株を五百万都民に持たせれば直ちに一億円出てくる。

その払い込みは毎月二円宛てとし、十ヶ月間払い込めばよい。金のある者は、一人で五十口でも百口でも持てばよい。料金は普通にとって、利益金は東京の公共事業に使ってもよいしその上利益があればわずかばかり持ち株に従って配当すればよい。こうすれば、富の集中を避けることが出来る。

今日のような都市社会主義は、経営上からいえば、社会主義的であるが、金融の上からいえば全く資本主義的である。それは市債の利子を資本家にもうけさせた上に、貧しい市民からその市債を払う元金を取り上げるのであるから、結局、税金を資本家に持ってゆくようなものである。

それならば初めから組合的にその市街地鉄道を管理し、市民全体のものとして経営して少しも差し支えないではないか。

私は、今の世界における多くの都市が、都市社会主義の経営で非常に多くの困難を来しているというのは、この大事な点を見逃しているからだと思う。

これは、電灯・電力・水力・汽船等の事業についても同じことが言える。現に、日本でも佐賀市のごときはガス事業を組合でやっており、盛岡市のように水道業を組合で経営している都市があるのである。

電力のごときは、少数の資本家に国家の重要な資源を与えないで、その電力の配給を受ける地域の人々全部が組合的に経営すれば、資本主義の害悪から免れることが出来る。

これは、鉄道・市場・港湾・船舶等についても同じことがいえる。市営あるいは国営鉄道ならびに港湾は、政党によって支配せられるので、全市民の組合組織を基礎としなければ、政党が変わる度ごとに新しい鉄道を敷き、新しく港湾を構設するような無駄があると思う。それで、政党を超越した全市民の利益を代表する産業的利用組合を大いに発達させる必要がある。

主要産業を社会化することは、近代的社会経済の一大特質である。特に電気事業のごとき独占事業はそうした傾向を持つ。しかし、今日その独占事業を始めようとするには、資本主義の援助を借りなければ財源が得られないことになっている。私はこの資本主義的財源を協同組合化することによって、初めて産業の民主主義が図り得られると思う。租税による収入はある限定がある。組合的に経営してゆけば、租税のほかにある種の自主的精神が現れてくるために租税の数倍の金額を喜んで出すことが出来る。

オーストリアのウィーン市のごときは、都市経営を部分的に資本主義的ならびに協同組合的に、半ば都市社会主義的にやっていることを知った。私は、資本主義的に経営するならば、なぜ組合的にやらないかと思う。

つまるところ、租税による財源は、近代の都市産業のような大規模のものを、企業的にやれない。そこでどうしても起こってくる問題は、協同組合と連絡してやるのが一番確実安全である。

すなわち、信用組合の剰余金、また生命保険組合の剰余金等を市が運用するのも一つの道であるが、利用組合として、都市それ自身が、市役所の内部に組合事業課を設けて、都市をますますギルド化してゆけばよい。

スウェーデンのストックホルム市のごときは、組合の金を上手に用いて住宅難を解決している。そうなれば、都市における今日のような資本主義的な腐敗は絶滅すると思う。

この都市のギルド化は、国民経済の全部に及ぼすことが出来る。すなわち各種産業の協同組合連合会を作って連絡していけばよいのである。そうすれば今日のように国家の自然資源を少数の資本家に占領せられて、無鉄砲な生産の結果、失業と恐慌が次から次へ起こってくるような不合理不都合なことはなくなるのである。

二十六、協同組合運動の教育と訓練

さて今度は、いよいよ協同組合の実際についてであるが、協同組合運動を活発に、かつ健正な運営にするまでには、まず協同組合に対する理解を啓蒙せねばならない。

これには、あらゆる犠牲を払って教育し訓練してゆくより他はない。そして市民に、農民に、労働者に、女工に、教員に、中等学校男女生徒に、国民学校生徒に、協同一致の精神を植えつけ、利益では動かぬような立派な精神を築き上げげなければならない。犠牲的精神、奉仕的精神、愛国愛社会愛市愛村の精神、他愛の精神、国際愛の広い精神を教育し訓練しなければならない。

こうした精神に燃えて協同組合を建てるなら、組合はきっとうまくゆく。

奉仕的精神と信用

奉仕的精神がなければ第一信用がない。日本の村々に、多くの産業組合が出来ているけれど、ただ単に利益が多いからという考えから出発したものが多いので、利益がなければ、すぐに組合を脱退したり、解散したりして行き詰まっているものが多い。しかし、この組合運動は、その場限りの利益中心の金もうけ主義の運動ではない。経済状態を根本的に改造せんとする協同愛の運動であるということを確信してかからねばならない。終極においては利益のあるのはもちろんであるが、時には利益を見ないことがあるかもしれない。それを覚悟して損害にびくともせぬような覚悟でかからねばならない。

私欲を離れよ

ある農村の組合の中には、組合の金を、幹部が利用して肥料を買いつけ、先へ行って高くなると組合員に高く売り、その価格の差だけをもうけていた。こうしたことは、組合員を欺く利己的な態度で、利己心は組合を滅すものであることをわきまえねばならぬ。

会計検査を厳重にせよ

協同組合運動は、金銭上の運動であるから、一文なりとも公金を私しないように、整然たる会計簿を備えておく必要がある。多くの協同組合の失敗は、整理の不秩序からきている。幹部の中に、必ず会計事務に堪能な人と、宣伝の上手な人と、商品に明るい人の三人を置いてかからねばならない。この三人が協力一致して始めれば大丈夫である。しかしそれだけそろったからといって性急に始めてはならぬ。

二百軒の加盟者

少なくとも、二百軒の加盟者をつくるまで努力し、宣伝せねばならない。加盟者が、多ければ多いほど、組合の力が強大になり商品の買い入れにも都合よくなる。

事務所

事務所は出来るだけ、便利なところを選ばねばならない。小路や場末に支部があっても構わぬが、中央部の事務所は、市町村役場のあるようなところで交通の便利のよいところが考慮されねばならない。

配給法

配給法は組合員が、ある区なら区、ある字《あざ》なら字で団結して、自分でとりに来るようにするのが一番よい。村などでは当番幹事を作って、家々の必要品を聞いて回り、それを購入してきたものを、各自が取りにゆくようにするとよい。隣組の組織や訓練などで人々はよほど慣れてきていると思う。

掛け売り制度の可否

掛け売りは出来るだけしないようにするがよい。肥料のように金高がかさむものは信用組合と連絡をとって金融の道をつける必要があると思う。掛け売りをすると一万円で出来る消費組合も七、八万円の資本金をもたぬと融通が利かなくなる。弊害を伴うから断然掛け売り制度はしない方がよい。

利益金の分配

協同組合の利益の分からない人にとっては、購買利益を早く払い戻してあげるほど、組合を早く理解させる方法はない。

少し面倒ではあるが、決算期を出来るだけ早くして、四ヶ月に一回ずつ、払い戻しをするか、または半期に一回利益金を払い戻すと、その組合の利益は直ちに、村に宣伝されることになって自然村の人に理解を与えることになる。

商人の妨害

商人が激しく妨害する可能性があるから、それに対してひるまず、自重して押し進めなければならない。堂々と戦って、妥協的態度をとらぬようにせねばならない。妥協したため消費組合が崩れた例がある。

忍耐せよ

協同組合は、労働組合などと違って、簡単に出来上がるものではない。永い熟練と経験を積んで初めて出来上がるのである。

それゆえに、あくまで自重して、こつこつと開拓してゆかねばならない。その中で最も困るのは、金融の問題で、理事者は頭を悩ますであろうが、その時こそやけを起こさず辛抱してやってゆかねばならない。この運動は、決して花やかなものでなく、極めて地味なものであるだけに、忍耐してじっくりと踏みしめ踏みしめやってゆかなければ成功しない。

二十七、協同組合を基礎とする国家改造

真のよき国家を作ろうとするならば、単なる国家では足らない。国家の下に組合というものがしっかりして、一人でも組合員をして餓えしめぬように、また貧乏させないようにしなければならない。

日本では、政党の歴史といえば、自己の権力のことばかりに腐心した歴史である、早く内閣を取りたいという一念で、国民の全生活のこと、福利のことなど考えておらない。

政治を利用してわがまま勝手なことばかりしていたのである。これでは、いつまで経っても政治は少数者の権力争いの具に使われているにすぎず一般民衆は忘れられており、国家もよく

ならない。結局民衆の真の味方というものは、民衆それ自身が組織し管理運営する協同組合精神のほかにないということになるのである。

二十八、協同組合代表による議会改造

そこで今のような議会は、すべからく解散してしまって、今度は協同組合の代表者を選んで、協同組合の組合長なり、専務理事というものの中から選挙し議会を組織するようにすればよいと思う。

そうなってくれば選挙の運動費は要らない。いつも組織してあるから、もし改選の必要があるならば、その次に違った人を選べばよい。国民それ自身の生活というものを熟知している組合の代表者のみが、真の国家の議会というものを組織しなければならない。これからの議会制度というものは、生活に即したものでなければならない。単なる主義思想だけの運動では駄目である。生活を根本的に改造する、生活本位の国家組織を持たなければならぬ。一人の貧乏人

もいない、一人の無産者もおらぬというような社会を造るには、どうしても各職業に従事している人を選んでこなければならない。

日本の下層階級・労働階級・漁民階級・運輸階級・生産階級・農民階級の代表者、教育家の代表者等、選ばれて生産者も消費者も交通機関に関係ある人も、ありとあらゆる働き人の、全部生活に関係しておる人の代表者を出して、自分たちの生活問題の根本を議する議会制度を立て直すということは目下の急務である。生活権を保証し、労働を保証し、人格権を保証するというような、生活と、労働と、人格の三つを保証し得る真の協同組合の基礎を持った議会制度が生まれ、協同組合中心の代表者から成立する組合国家の議会を作るべきであると思う。

もはや政権授受などをしておるべき時代ではない。すべての人々は自分の学問研究に若い時からはっきりした方向を意識し、自分の経済研究も、政治研究も、法律研究も、自分の成功のためではなく、民族の利益、世界の平和のために、ひたすら勉強するのだという崇高な他愛的な意識を持たなければならない。

二十九、世界平和と組合国家

かくのごとく考えてくるならば、協同組合を通じて世界の平和も来るのである。世界は戦争をせずに済むのである。近代戦争の五原因は、第一は人口問題、第二は原料問題、第三は国債問題、第四は運輸の問題、第五は商業政策、これに含まれているところの関税の問題である。この五つが重大な役割をなしている。

かくのごとく、昔は宗教問題で戦争したり、また単なる人種的な偏見から戦争を惹起《じゃっき》したが、今日ではほとんど経済的な問題が主になっている。かつての国際連盟や、九国条約が、ほとんど死物に等しくなった理由は、世界平和の基礎的経済工作を忘れたからである。

もし第一次世界大戦の後に、協同組合的世界経済同盟が結成され、協同組合の原則によって世界経済会議が開かれ、かつ協同組合貿易を実行していたなら、第二次世界大戦は免れ得たことと思う。

私は、数年前「世界平和の協同組合工作（協同組合的世界経済同盟の提唱）」という一文を発表した。

これには、協同組合の原則から、世界経済同盟を結んで、世界経済会議を開くことを唱導したのである。物資の移動、規格標準の設定等をはじめ必要なる問題を委細に検討し、列国間における需要供給問題を調査し、各国民が安心して生産し、かつ消費するようにする。そして一、協同互恵の精神、二、権利および機会の均等、三、搾取主義の排除（利益払い戻し）の三原則にそい、かくすることによって各国民の生活は安定し、その生活安定によって、世界平和は永続せしめることが出来ることを詳しく述べた。

私は、日本が、真に理想的な国家となるには、この協同組合国家として改造されねばならぬと信じている。かつ世界が、真に理想的な平和世界となるにもまた、この協同組合精神によって互いに結ばれ、協調相愛し、経済的政治的文化的に力を合せるよりほかに道はないと確信する者である。

トルストイは、教えてくれた。「止まれ、そして考えよ」（Stop and Think!）と。労働者の変わらざる望みは世界のよみがえりである。四千年の汚れたる独占欲から解放されて、愛と自由の新しき世紀のために祈るのである。これは人間意志の回転である。悔い改めの懺悔《ざんげ》である。

新しき宗教である。「出エジプト」である。

どうかこの協同組合について研究し、実践して一日も早くわれらの住む村が、町が、都市が、そして国家が、協同組合化し、さらにひろく世界十九億の民が目覚めてこの大理想達成に一路邁進《まいしん》されんことを祈ってやまない。

【註釈】

＊1　オーギュスト・コント：Isidore Auguste Marie Francois Xavier Comte,1798 ~ 1857　フランスの社会学者、哲学者、数学者。彼から多大な影響を受けたイギリスのハーバート・スペンサーとともに、「社会学の祖」として知られる。

＊2　サンフランシスコ会議：1945年、アメリカ合衆国・サンフランシスコで開かれた連合国会議。国際機構に関する連合国会議。

＊3　ラムゼイ・マクドナルド：James Ramsay Macdonald, 1866 ~ 1937　スコットランド出身のイギリスの政治家。労働党党首。イギリス史上初の労働党出身の首相。

＊4　エーベルト：Friedrich Ebert, 1871 ~ 1925年　ドイツの政治家。ドイツ社会民主党（ＳＰＤ）党首。ワイマール共和国初代大統領。

＊5　アダム・スミス：Adam Smith, 1723 ~ 1790　スコットランド生まれのイギリスの経済学者、哲学者。主著に『国富論』。「経済学の父」と呼ばれる。

＊6　カール・マルクス：Karl Heinrich Marx, 1818 ~ 1883　ドイツの哲学者、思想家。同志のフリードリヒ・エンゲルスとともに科学的社会主義を打ちたて、資本主義の高度な発展により、共産主

義社会が到来する必然性を説いた。
＊7 レーニン：Vladimir Il'itch Lenin, 1870～1924 ロシアの革命家、政治家。ロシア革命で主導的な役割を果たした。ソビエト連邦、ソビエト共産党の初代指導者。
＊8 カーライル：Thomas Carlyle, 1795～1881 スコットランド出身のイギリスの歴史家、評論家。
＊9 ラスキン：John Ruskin, 1819～1900 イギリスの評論家、美術評論家。
＊10 支那事変：日中戦争：1937～1945年まで、日本と中華民国との間で行われた戦争。
＊11 ソニクセン：Albert Sonnichsen, 1878～1931 社会的所有を希求し、それを生協運動に求めたアメリカの先駆的な生協論の理論家・運動家。
＊12 パトリック：Patricius, 387?～461 アイルランドにキリスト教を広めた司教。
＊13 ベネディクト：Benedictus de Nursia, 480?～547 五二九年にベネディクト修道会を創設した。
＊14 ベネディクト派、ベネディクト会：同派（会）は、「服従」「清貧」「純潔」をモットーに宗教刷新運動を展開した。
＊15 ベルナルド会：クレルヴォーのベルナルドの指導のもと、十二世紀の修道院運動を活性化した。
＊16 フランシスコ会：十三世紀、イタリア・アシジのフランシスコにより創設された修道会。第一会（男子修道会）、第二（女子）、第三（在俗）は清貧をモットーに広汎な影響を及ぼした。
＊17 イエズス会：フランシスコ・サビエルら六名の同志が、一五三四年に創設。イエスのごとく

生きる人々のキリスト教共同体を広げることを目指す。

＊18　フラ・アンジェリコ：Fra Angelico, 1387～1455　初期ルネサンス期のイタリア人画家。

＊19　ウィクリフ：John Wycliffe, 1320?～1384　イングランドのヨークシャーで生まれた、宗教改革の先駆者。

＊20　ジョン・フス：Jan Hus, 1369～1415　ボヘミア出身の宗教思想家、宗教改革者。彼はウィクリフの考えをもとに宗教運動に着手した。

＊21　サボナローラ：Girolamo Savonarola, 1452～1498　ドミニコ会修道士。フィレンツェで神権政治を行った。宗教改革の先駆者と評価されることもある。

＊22　トマス・ア・ケンピス：Thomas a Kempis, 1380～1471　中世の神秘思想家。彼が著した『キリストの模倣』は、聖書に次いで最も読まれた本とさえ言われる。

＊23　エラスムス：Desiderius Erasmus, 1467～1536　オランダ出身の人文主義者、カトリック司祭、神学者、哲学者。

＊24　ロバート・オーエン：Robert Owen, 1771～1858　イギリスの社会改革家。

＊25　シュルツェ・デリッチ：Schulze-Delitzsch, 1808～1883、底本では、デリッチのシュルツ氏と標記されている。

＊26　フレデリック・フォン・ライファイゼン：Friedrich Wilhelm Raiffeisenライファイゼンの思

想は、ロッチデール原則が南ドイツに伝わり派生した原則であり、「一人は万人のために、万人は一人のために」を旨とする。

＊27 福岡県宗像郡：現在は消滅。

＊28 成島柳北：1837～1884 幕末期の将軍侍講、奥儒者、文学者。明治時代になってからはジャーナリストとしても活躍した。

＊29 片山潜：1859～1933 労働運動家、社会主義者、マルクス主義者、思想家、社会事業家。

＊30 平田東助：1849～1925 明治・大正期の官僚、政治家。農商務大臣、内務大臣、内大臣を歴任した。

＊31 水谷長三郎：1897～1960 大正・昭和期の政治家、弁護士、労働運動家。片山内閣、芦田内閣の商工大臣を務めた。

＊32 インドシナ：底本では「印度・支那」と表記。

＊33 三品市場：商品取引市場で、綿花・綿糸・綿布のこと。

＊34 竹内勝：1892～1966 賀川豊彦の同志として神戸イエス団の事業の中心的指導者となる。転職紹介事業を起こし、「日雇い労働者の父」と呼ばれた。

＊35 ビスマルク：Otto Eduard Leopold Fürst von Bismarck-Schönhausen,1815～1898 プロイセンおよびドイツの政治家。プロイセン王国宰相。ドイツ帝国初代帝国宰相。「鉄血宰相」と呼ばれる。

（底本・ラッキー文庫『協同組合の理論と實際』（コバルト社、一九四六年））

「協同組合の理論と実際」解説

加山　久夫

（一）

協同組合はいまや、消費、生産、共済、保険、金融、医療等々、その広がりにおいて、日本社会の隅々に及んでいるといって過言ではない。一般市民の間では、ＪＡやコープなどの愛称で呼ばれ、広く親しまれてもいる。しかし、その広がりに比べて、どれだけ深く、「協同組合」として理解されているかとなると、どうであろうか。一般市民だけでなく、組合員、さらには、組合職員の間ではどうか。たとえば、コープとイオンはどう違うのか、ＪＡはＪＲ、ＪＴＴなどの一般企業とどう違うのかと問われるとき、どう即答できるであろうか。

そこで問われているのは、「協同組合とは何か」ということである。

賀川豊彦は、その生涯を通して情熱を傾けた協同組合運動において、つねに教育を重視した（「教育中心」）。本書は、敗戦直後の廃墟のなかで、日本の復興のために、協同組合の再興が不可欠であるとの信念のもとに、人々に広く協同組合を理解してもらうべく語ったものである。協同組合を精神運動であるとする賀川の思想は、いささか精神論に過ぎるのではないかと感じたり、協同組合精神が歴史的にはキリスト教の隣人愛の精神に繋《つな》がるものであるとの理解から、彼のキリスト教への思い入れに違和感を感じるかもしれない。

しかし、著者は、単なるハウツー（how to）ものではなく、先《ま》ず、協同組合の本質内容を歴史的背景に遡《さかのぼ》って語ることが重要であると考える。遠回りであるかもしれないが、この思索のプロセスは重要である。

「窮乏・飢餓・不安・闘争・失業・闇の横行・混乱・恐慌、などの深淵が、暗黒な口を開いて人々を呑み」こもうとしている敗戦直後の状況、「富の偏在蓄積、物資の少数者集中、社会の大衆は、失業し、飢餓線に彷徨し、生活不安と、従属性と不信用の世界に蹴落とされ、永遠に浮かびあがり得ない叫喚の声を放っている」といった事態は、戦後六十有余年、大きく改善されてきたことは事実である。しかし、今日の社会をほんの少しでも掘り下げて見ると、賀川の時代より事態はいっそう複雑かつ困難になっているとさえ言える。新自由主義経済、金融資本主義のもとで、リーマン・ショックに見られたような、グローバルな経済恐慌の荒波は多くの人々や企業や国々を呑みこみ、貧困問題や貧富格差の問題をますます深刻化しつつある。そのような中で、互助経済の仕組みである協同組合の強さがより広く認識されるとともに、人と人を結ぶ絆が人々に希望や喜びを与えるものであることが実感されつつある。

一方で、寡占資本主義が、他方で、ソ連やナチス・ドイツなどに見られた社会主義経済が支配的であった賀川の時代は今では過去のものとなり、また、思想的に、「マルクス主義とキリスト教」は彼の時代の大きなテーマであったが、今日ではその影は薄くなった。それゆえ、これらについての本書の記述部分は若い読者にはピンとこないかもしれない。しかし、賀川がすでに『主観経済の原理』（一九二〇〔大正九〕年）や*Brotherhood Economics*（一九三六年・邦訳『友愛の政治経済学』コープ出版、二〇〇九年）において主張しているような、一部の人の手に富が蓄積される資本主義でも、国家が統制する社会主義経済でもない、いわば「第三の道」としての、互助経済こそが、人間のための経済としてのあるべき姿であるという指摘は、いまなお重要である。いや、むしろ、今後ますます重要になってゆくであろう。協同組合は、人と人の協力による自立と連帯の経済の仕組みとして、人類社会の大発見であると、賀川は指摘するのである。

もっとも、「本能経済」から「理知経済」へ、「習性経済」から「発明経済」へ、「放任経済」から「統制経済」へ、と経済史における経済行為の発展を語り、いまや、「唯物論的経済学」は「心理学的経済学」にその地位を譲らなければならない、と述べるとき、賀川の用語は、分かりにくい。要するに、経済は欲望を越えた、知性に基づく工夫であり、すぐれて精神的な営みであることを賀川は述べているのである。そこでは、「心」「意識」「自覚」といった人間の内面的な働きが重要である。確かに、マルクスの『資本論』は資本主義社会の病理を明らかにしたが、病める社会の治癒のための処方箋を書くことも、治癒行為をすることもしなかった。より健全な社会を実現（「社会改造」）するための、いわば内科的治療として、協同組合運動がある、と言うのである。闇取引が横行していた戦中、戦後の日本の悲惨を考えるにつけ、生産者と消費者を結ぶ組織がどれほど社会に益することか。賀川は熱い思いをもって、早くも敗戦から三か月後の一九四五年一一月一七日、日本協同組合同盟を同志らと設立し、その初代会長に就任している。本書が出版されたのは、その翌年、一九四六年六月であった。賀川豊彦は、協同組合を全国に広げるために講演行脚をするとともに、精力的に執筆活動をしており、協同組合関係の著作は戦前、戦中、戦後をとおして、少なくとも二六冊に及ぶ。その多くは一般の人々により広く読んでもらうために『一粒の麦』『乳と蜜の流れる郷』など小説の形で協同組合とは何かを伝えた。それらは、消費組合に限らず、農業協同組合、森林組合、漁業組合、医療組合、共済など、協同組合のほとんど全分野に及ぶ。

賀川の幅広い協同組合思想をもっとも包括的に著したものは、『友愛の政治経済学』であるが、本書には、その内容の主要な点が網羅的に簡潔に紹介されている。『西暦二〇〇〇年における協同組合』（一九八〇年）において、レイドロー博士は、協同組合思想を展開するに際して、「偉大な日本の指導者であり、社会改革者であった賀川は、協同組合運動をブラザーフッド・エコノミックスと呼んだ」と述べ、賀川の著書に言及しているように、時代や状況が変わっても、協同組合の本質的なものは変わらないのである。

同様に、東京や大阪をはじめ、大半の地方都市が無差別爆撃を受けて焦土と化し、三〇〇万人もの戦闘員および一般市民が命を落とし、しかも、外地から六六〇万人の軍属・民間人が帰還するという、想像を超える悲惨と困難のなかで、賀川は協同組合に復興力を見、それに未来への大きな希望を抱いたことは先に述べた。それから六十有余年が過ぎ、私たちの状況は大きく変貌をとげた。しかし、今日の社会は、構造的にますます複雑化、深刻化しつつある経済状況に加え、二〇一一年三月一一日に起こった東日本大震災とそれに伴う福島の原発事故は、考えてみれば、敗戦後の日本に匹敵するような深刻な事態であると言って過言ではない。その意味で、敗戦直後に執筆された本書の内容は、いまなお協同組合の本質を伝えており、今日的なメッセージを伝えていると言える。

（二）

本書は、第一節「世界の現勢と協同組合運動」から最終節「世界平和と組合国家」まで、二十九節から構成されている。これらを敢えて大別すると、第一節から第八節「協同組合の本質」

までは協同組合についての概説部分（第一部）。第二部は、協同組合の前史である（第九節「初代キリスト教徒の兄弟愛的経済生活」～第十二節「協同組合運動の芽生え」）。第三部において、「協同組合の出発点であるロッチデールの協同組合運動」（第十三節）および日本における協同組合の歴史（第十四節および第十五節）を紹介する。これらを承けて展開される第四部（第十六節「精神運動としての協同組合」～第二十六節「協同組合運動の教育と訓練」）は、協同組合の実際について持論を述べる、本書の中心部分を成すと言えよう。そして、最後に、これまた賀川協同組合論の持論である、協同組合運動と国家改造および世界平和を展開している。

これらは、恐らく、賀川が連続講義として語った内容を纏《まと》めたものであろう。以上の大別が正しいとすれば、読者には特に第四部を熟読していただきたいと思う。

協同組合が事業体であることは言うまでもない。が、先《ま》ず、賀川が強調してやまないのは、その精神的土台である。「精神運動としての協同組合」について語るゆえんである。それはいわゆる精神主義といったものではない。「精神なき専門家」（マックス・ウェーバー）と同様、たとえ事業がどれほど繁栄したとしても、そこに協同組合精神が失われているならば、それは、もはや協同組合とは呼ばれ得ないのである。精神主義は事業体としての協同組合の軽視につながるが、賀川の意図はそうではない。彼はすでに神戸の貧民街に住み、社会活動を行っていた頃、貧しい人々が、日々の暮らしのなかで、一握りの米や醤油《しょうゆ》の貸し借りなど、互いに助け合う姿を見、また、自然界では、蟻《あり》などの弱小動物が協力し合いながら、恐竜が早く死に絶えた中で、悠久の歴史を生き抜いてきたことを発見し、すべての人のなかに相愛互助の精神が有り、それは誰にでも実践しうるものであること、それこそが生命を守る最大の砦《とりで》であることを固く信じていたのである。事実、わが国において、早くから、結《ゆい》、無尽《むじん》、頼母子講《たのもしこう》、地割《じわり》制度など、さまざまの助け合いの仕組みが、人々の生活を支えていた。

人は人と分かち合うとき、分かち合われるモノ以上に、それには精神的価値が伴う。それゆえ、賀川は、生産も消費も、モノの売り買い以上に、生産と消費の「芸術的・文化的意義」について語るのである。労働もまた然《しか》りである。労働を単なるモノとするのではなく、労働することに喜びが伴うそのような労働が、特に、協同組合の組織文化として、重要視されなければならない。

賀川は宇宙における全存在に、生命、労働、変化、成長、選択、秩序、目的という七価値があるとし（『友愛の政治経済学』六九頁参照）、それに対応する形で、七つの組合があると言う――

（一）生産組合、（二）消費組合、（三）信用組合、（四）販売組合、（五）共済組合、（六）保険組合、（七）利用組合。賀川はこれらを人体にたとえ、こう説明する。「筋肉は生産組合である。消化器は消費組合、血行は金融等を司る信用組合である。呼吸器は交換等を掌握する販売組合であり、泌尿器は共済組合である。また骨格は、全身を支えている保険組合、神経系統は権利を運用する利用組合に当たる。こう考えてくると人体の機能の一つを欠いてもならぬようにこの七種組合が身体のそれのごとくよく統合統治されると、そこに健正な大活動が生まれるのである。」つまり、七組合はそれぞれ固有の働きをするが、バラバラに存在するものではなく、協同組合のなくてならない部分部分として統合され、相補い合うべきものである。したがって、賀川にとって、「協同組合間協力」は重要であるが、根本的には、「協同組合は一つ」なのである。

賀川は、協同組合経済における利益の使途についても繰り返し述べる。「利潤があった場合、これを組合の利益にのみ使わずに、ぜひ、社会公共のために捧げるようにありたいものである」と述べている。利益の払い戻しや事業の安定的運営のための積立は重要であるが、さらに、より広く、「公共」のために使うことによって、協同組合による社会的貢献をすすめる。

賀川のいう「社会公共」とは、地域社会であるとともに、ナショナルおよびインターナショナルな社会であり、協同組合運動による「国家改造」や「世界平和」を彼は展望する。彼は戦前から世界平和への熱い思いをもって平和運動に参加していたが、特に戦後、世界連邦運動協会を立ち上げ、世界連邦実現への運動に情熱を傾けた。その中で、協同組合精神による世界平和の実現を呼びかけたのであった。

(三)

賀川豊彦は、協同組合の根本思想について、求められて、「利益共楽」「人格経済」「資本協同」「非搾取」「権力分散」「超政党」「教育中心」の七項目を揮毫《きごう》している。これらはいまなお重要性を失っていないないし、協同組合が協同組合でありつづけるために重要である。彼はまた、協同組合の仕組みに、「経済民主主義」「社会民主主義」「政治民主主義」を発見する。民主主義は参加することに意義があるが、協同組合は座して与えられるものでなく、組合員が自ら参加し、その主体となる「参加型民主主義」である。

賀川はすでに大正時代にこのような協同組合への揺るぎない信頼と確信をもって、終生そのために献身的に奉仕した。時代は大きく変わったが、再び大きく大回転して、現代と将来はこの国においても、国際社会においても、暗雲が立ち込めている。そうであればこそ、互助の仕組みとしての協同組合のミッションはこれからますます大きくなることであろう。鋭い先見性と深い洞察をもって時代と社会を見た賀川の発言には、いまなお傾聴すべきものがある。

（かやまひさお・賀川豊彦記念松沢資料館館長、明治学院大学名誉教授）

賀川豊彦関係資料収蔵施設一覧

賀川豊彦記念・松沢資料館
〒156-0057　東京都世田谷区上北沢３－８－19
TEL 03-3302-2855
FAX 03-3304-3599
http://zaidan.unchusha.com/index.html

鳴門市賀川豊彦記念館
〒779-0225　徳島県鳴門市大麻町桧字東山田50－２
TEL 088-689-5050
FAX 088-689-5050
http://www.city.naruto.tokushima.jp/institution/kagawa.html

コープこうべ 協同学苑史料館
〒673-0592　兵庫県三木市志染町青山７－１－４
TEL 0794-85-5500
FAX 0794-85-5528
http://www.kobe.coop.or.jp/kouza/kyodogakuen/index.html

社会福祉法人 イエス団 神戸賀川記念館
〒651-0076　兵庫県神戸市中央区吾妻通５－２－20
TEL 078-221-9565
FAX 078-221-9566
http://www.jesusband.jp/

財団法人 本所賀川記念館
〒130-0005　東京都墨田区東駒形４－６－２
TEL 03-3622-7811
FAX 03-3622-7812
http://homepage2.nifty.com/honjo-kagawakinenkan/index.html

復刻版

協同組合の理論と実際

[発 行 日] 2012年11月30日　初版1刷

[検印廃止]

[著　　者] 賀川豊彦
[解　　説] 加山久夫
[発 行 者] 芳賀唯史
[発 行 元] 日本生活協同組合連合会出版部
〒151-8913　東京都渋谷区渋谷3-29-8　コーププラザ
TEL. 03-5778-8183
[発 売 元] コープ出版(株)
〒151-8913　東京都渋谷区渋谷3-29-8　コーププラザ
TEL. 03-5778-8050
www.coop-book.jp
[制作・印刷] 株式会社 晃陽社

Printed in Japan

ISBN978-4-87332-317-6